TRAFICUL DE DROGURI

TRECUT, PREZENT ŞI VIITOR

Un studiu de Marian Corcodel, Florin Grijac şi Cristian Miu

NO DRUGS

MARIAN CORCODEL
FLORIN GRIJAC   CRISTIAN MIU

TRAFICUL DE DROGURI

TRECUT, PREZENT ŞI VIITOR

Studiu

CUPRINS

CUVÂNT ÎNAINTE

Flagelul drogurilor reprezintă unul din formele cele mai complexe, mai profunde şi mai tragice ale lumii contemporane. La ora actuală producţia şi traficul de droguri, precum şi consumul lor abuziv, constituie o problemă cu care se confruntă numeroase ţări de pe toate continentele. Chiar dacă o ţară nu se confruntă, pe plan intern, cu consumul de droguri, ea poate fi totuşi afectată de operaţiunile de tranzit ori de producere şi prelucrare a acestora.

Infracţionalitatea legată de droguri, prin consecinţele sale de ordin social, economic, medical şi politic, cauzează prejudicii considerabile nu numai intereselor de stat, dar pune în pericol viaţa şi sănătatea oamenilor şi în special al tinerilor. Milioane de oameni se adaugă anual celor căzuţi pradă „morţii albe", un procent alarmant intrând în tristul cortegiu al celor iremediabil pierduţi pentru societate.

Prin amploarea şi dimensiunile sale traficul de droguri se manifestă la scară planetară punând probleme deosebite în ceea ce priveşte creşterea criminalităţii transfrontaliere organizate. Se poate spune că producţia şi traficul de droguri reprezintă una din formele cele mai active ale criminalităţii organizate transfrontaliere. Pe lângă aspectele privind implicaţiile acestui flagel asupra sănătăţii populaţiei şi a costurilor tot mai mari pentru menţinerea lui sub control, trebuie scoase în evidenţă şi fabuloasele câştiguri de ordinul miliardelor de dolari realizate de către traficanţi, mare parte din aceştia făcând obiectul spălării „banilor murdari" folosiţi pentru comiterea altor infracţiuni, inclusiv a terorismului internaţional.

Alimentat de reţelele naţionale şi internaţionale de traficanţi, consumul ilicit de droguri a cuprins arii din ce în ce mai largi din populaţia tânără, cu deplasarea consumului spre vârste fragede. Potrivit estimărilor făcute la nivel global, în prezent sunt peste 200 de milioane de toxicomani.

Pornind de la considerentul că activitatea de prevenire şi combatere a traficului şi consumului ilicit de droguri se realizează – pe lângă măsurile de ordin economic, legislativ, social, medical, administrativ – şi printr-o paletă de măsuri educaţionale, autorii acestei lucrări şi-au propus să prezinte cititorilor, precum şi celor implicaţi direct în această activitate de prevenire şi combatere, o serie de informaţii utile privind principalele categorii de droguri şi precursori ce fac obiectul traficului şi consumului ilicit şi efectele lor nefaste asupra fizicului şi psihicului uman.

Prin conţinutul său, lucrarea „Traficul de droguri. Trecut, prezent şi viitor", concepută după criterii ştiinţifice, realizează nu numai o analiză a principalelor categorii de droguri, ci şi o elucidare a problemelor actuale pe care le ridică teoria şi practica judiciară în domeniu.

Lector universitar doctor CONSTANTIN DRĂGHICI

1. INTRODUCERE

Oamenii au consumat droguri din vremuri imemoriale. Fie că erau utilizate în cadrul practicilor magice, ori în cel al ritualurilor religioase, drogurile au însoţit civilizaţia umană până în zilele noastre. O parte însemnată din drogurile ce terorizează astăzi lumea sunt cunoscute din cele mai vechi timpuri. Consumul lor era însă limitat la anumite arii geografice sau culturale. Dezvoltarea pe toate planurile a societăţii omeneşti a făcut posibilă răspândirea şi utilizarea drogurilor în locuri şi zone geografice unde nu erau cunoscute.

Vinovat de producerea unor efecte devastatoare, cărora le cad victime mai ales tinerii, consumul de substanţe halucinogene nu este o invenţie a zilelor noastre. Cu un termen generic, astăzi le numim „droguri". Unele sunt substanţe de sinteză, produse în laborator. Altele au la bază substanţe extrase din diferite plante. Dar oricare ar fi originea lor, toate îl duc pe consumator într-o lume a fantasmelor. O lume iluzorie în care „moartea albă" îl pândeşte în fiecare clipă pe nefericitul care a ajuns dependent de ele. Dar asta nu se întâmplă de ieri, de azi: drogurile au în spatele lor o istorie întreagă care, întinsă prin toată lumea, a traversat secole şi milenii.

Euforia zeilor

Cel mai cunoscut efect al substanţelor halucinogene este starea specifică de euforie care-l desparte pe consumator de lumea reală şi îi lasă senzaţia de pătrundere într-un univers special care se conduce după cu totul alte alte reguli. Cu mii de ani în urmă, acest efect straniu părea a fi cel mai eficient „vehicul" către lumea zeilor. Un „vehicul special", rezervat de obicei doar marilor preoţi, şamanilor şi tuturor celorlalte categorii de „specialişti ai scarului"? Herodot relatează că vracii şi marii vrăjitori ai sciţilor aruncau pe jarul focurilor rituale seminţe de cânepă care începeau să fumege degajînd valuri de fum ameţitor. De fapt cânepa sciţilor era canabisul, cânepa indiană din care, în zilele noastre, se extrage o gamă largă de droguri.

Prima menţiune oficială, în care acest tip de efecte era descris amănunţit este „Tratat despre plante", lucrare ştiinţifică apărută în China, în secolul al ll-lea î.Hr. Călugării taoişti din China antică erau maeştri în prepararea unor poţiuni magice care, adeseori aveau în reţeta lor o gamă largă de substanţe pe care, acum, le-am putea numi „psihedelice".

O altă plantă care conţine substanţe cu efect halucinogen, cunoscută încă din antichitate este macul. În vechile scrieri mistice hinduse este menţionată „Soma" – băutura zeilor, un elixir cu o structură complexă în care era inclusă şi fiertura de mac.

În religia persană această combinaţie mistică era numită „Haoma". Dar, în acest caz era vorba despre o băutură blestemată, care-l putea transporta pe consumatorul imprudent în lumea demonilor.

Cocaina, „drogul bogaților" din zilele noastre, era cunoscută și ea, încă din antichitate. Specific Americii pre-columbiene, aceasta provine din frunzele arbustului „Eritroxilon Coca" numit de obicei „arborele de coca". Descoperirile arheologice par să indice că efectele halucinogene, dar și analgezice ale acestei plante erau cunoscute și utilizate în Peru încă din anii 3000 î.Hr.

Artiștii și „muza" lor chimică

În secolul al XlX-lea, opiul devenise una dintre cele mai căutate mărfuri din tot Sud-estul asiatic. Iar dorința de a deține monopolul asupra acestui produs a declanșat „Războiul opiului", un conflict în cursul căruia Imperiul Britanic s-a confruntat extrem de dur cu străvechiul Imperiu Chinez. Tot în secolul al XlX-lea s-au mai folosit, pe post de substanțe halucinogene, fiind niște droguri adevărate, cloroformul și eterul. Iar absintul, elixirul preferat al artiștilor din aceeași epocă, conținea și el substanțe cu efect halucinogen, care preschimbau această băutură într-un soi de „muză" neoficială.

În ultimele câteva decenii, comerțul cu droguri a devenit una dintre cele mai profitabile afaceri de crimă organizată. Întinsă aproape la scara întregii planete, aduce mai mulți bani chiar și decât comerțul cu arme. Iar în America Centrală și de sud au existat, și există chiar și acum, adevărate „imperii" criminale conduse de „baroni" ai drogurilor, atât de puternici, încât se pot război cu armatele naţionale implicate în combaterea traficului de droguri.

Din păcate, cele mai vulnerabile categorii de consumatori din zilele noastre sunt tinerii. Inclusiv cei din ţara noastră. Tineri pe care nu-i mai sperie nici sărăcia şi mizeria în care ajung să se prăbuşească rapid, nici posibilitatea de a intra în puşcărie datorită actelor de violenţă pe care le comit doar ca să facă rost de banii pentru „o doză", şi nici măcar faptul că „droagele" îi preschimbă rapid în nişte biete „legume" sociale.

2. DROGURILE

2.1 Noţiuni introductive

Drogurile practic sunt simple substanţe care şi-au găsit receptori în organismul nostru, care acţionează prin grăbirea, încetinirea sau modificarea proceselor unui anumit organ. Dependenţa este o noţiune generalizată; există persoane dependente de internet, de fast food, deoarece orice substanţă care îţi induce o stare mai mult sau mai puţin falsă de bine îţi activează un sistem de recompensare al creierului care eliberează anumite substanţe precum dopamina sau serotonina, responsabile pentru starea ta de spirit. Acest tip de dependenţă se numeşte **dependenţă psihică. Dependenţa fizică** implică sevrajul care intervine odată cu retragerea substanţei, acest tip de dependenţă îl întâlnim în rândul drogurilor tari (heroina, amfetamina, metadona, nicotina, alcoolul, cocaina).

Termenul de „**drog**" are mai multe accepţiuni. În sens larg, înseamnă orice substanţă (naturală sau artificială) care prin natura sa chimică determină alterarea funcţionării unui organ. În sens restrâns, se referă la substanţe care provoacă toleranţă şi dependenţă. În limbaj uzual, acest termen se referă la substanţe psihoactive, mai ales cele ilegale.

Cu alte cuvinte, drogul este o substanţă solidă, lichidă sau gazoasă, a cărei folosinţă se transformă în obicei şi care afectează direct creierul şi sistemul nervos, schimbă sentimentele, dispoziţia şi gândirea, percepţia şi/sau starea de conştienţă, modificând imaginea asupra realităţii înconjurătoare.

Consumatorii de droguri, în special persoanele tinere, folosesc drogurile „uşoare" pentru agrement, adică pentru inducerea unei stări de euforie, extaz de indiferenţă faţă de întâmplările şi situaţiile din jur. Consumul acestor droguri se realizează atât în locuri publice (baruri, discoteci, cluburi etc.), cât şi în locuri private (locuinţe).

Cele mai populare droguri folosite pentru crearea acestei stări de beatitudine sunt:

– <u>cofeina</u> (din cafea, ceai, şi alte surse de plante) – legală în toate părţile lumii, dar care nu sunt consumate de către membrii unor religii.

– <u>canabis</u> (cunoscut sub numele de marijuana), conţine canabinoizi, chimic tetrahidrocanabinol (THC) – ilegal în cele mai multe părţi ale lumii şi consumat de către membrii unor religii.

– <u>etanol</u> (denumit în mod obişnuit etil – alcool), produs prin fermentare de drojdie în băuturi alcoolice, cum ar fi vinul şi berea – legal dar reglementat în cele mai multe părţi ale lumii şi ilegal în multe ţări musulmane, cum ar fi Libia, Sudan şi Arabia Saudită, care nu este consumat de către membrii unor religii.

– <u>tutun</u> (conţine peste 4700 de chimicale printre care alcaloizi şi nicotină) legal, dar reglementat în cele mai multe părţi ale lumii şi care nu este consumat de către membrii unor religii.

– <u>opiacee şi opioide</u> – legal în general numai prin prescripţie medicala, pentru alinarea durerii. Acestea includ hidrocodonă, oxicodonă, morfină, şi altele; anumite opiacee sunt ilegale în unele țări, dar folosite în scopuri medicale în altele, cum ar fi diacetilmorfina (heroina).

    – <u>cocaina</u> – un stimulent derivat din planta de coca în America de Sud. Utilizarea frunzei de coca pentru stimulare, dar nu cocaina, este legal în Peru și Bolivia. Cocaina este ilegală în cele mai multe părți ale lumii, dar derivate cum ar fi lidocaina și novocaina, sunt legale și sunt utilizate în medicină și stomatologie pentru anestezie locală.

    Fiecare drog acționează asupra unui neurotransmițător sau receptor la nivelul sinapselor din neuroni, această acțiune ducând în general la efecte adverse pe termen lung, astfel:

2.2 Apariție

    Încă din cele mai vechi timpuri oamenii au cunoscut proprietățile drogurilor. Acestea erau folosite în cadrul ceremoniilor religioase, al ritualurilor mistice, în scopuri terapeutice, dar și pentru a induce o stare de plăcere, având în vedere tocmai efectele pe care drogurile le produc asupra organismului uman.

Neurotransmițător/ receptor	Clasificare	Exemple
Serotonina	Antagoniști ai receptorilor pentru serotonină	*LSD, psilocibină, mescaline, DMT*
	Inhibatori ai receptării serotoninei (SSRIs)	*Fluoxetine, sertraline*
	Substanțe care stimulează eliberarea de serotonină	
GABA (acidul gamma-aminobutiric)	Antagoniști ai receptorilor pentru GABA	*etanol, barbiturice, diazepam, tujonă*
	Inhibitori ai recapturării GABA	*tiagabină*
	Antagoniști selectivi ai receptorilor pentru GABA	*muscinol, acid ibotenic*

Receptori opoid-ergici	Agonişti ai receptorilor pentru μ-opioid	*morfină, heroină, oxicodonă*
	Receptori pentru μ-opioid (agoişti inverşi)	*nalaxonă, naltrexonă*
	Agonişti ai receptorilor pentru κ-opioid	*Salvinorin A, butorphanol, nalbuphine*
Dopomină	Inhibitori (blockers) ai transportorului de dopamină	*cocaină*
	Antagonişti ai receptorilor pentru dopamină	*haloperidol, droperidol*
Monoamin oxidază (MAO)	Inhibatori MAO (monoamine oxidoză – MAOIs)	*phenelzine, iproniazid*
	Molecule ce interacţionează cu transportorul de MAO	*Amphetamine, metamfetamine*
Receptor NMDA	Antagonişti ai receptorilor NMDA (N-Metil-d-aspartan)	*ketamină, PCP, DXM*
Norepinefrină	Inhibitori ai recaptării de norepinefrină	*amoxapine, atomoxetine, mianserin*
Cannabinoid receptor	Agonişti ai receptorilor cannabinoid-ergici	*THC*
Acetilcolină	Substanţe colinergice (agonişti ai acetilcolinei)	*nicotine, piracetam*
	Substanţe anticolinergice (antagonişti ai acetilcolinei)	*Scopolamină, dimenhydrinat, difenhidramină*
Adenizină	Metilxantine (Antagonişti ai receptorilor pentru adenozină https://ro.wikipedia.org/wiki/Drog - cite_note-2)	*cafeină*
Receptor AMPA	Antagonişti ai receptorilor AMPA (acid α-amino-3-hidroxi-5metil-4-isoxazol propionic)	*Acid kinurenic, NBQX*
Melanocortin receptor	Antagonişti ai receptorilor pentru melanocortină	*bremelanotid*

Astfel, în urmă cu circa 7.000 de ani, macul, din care se produce opiul şi derivatele sale, era menţionat în tăbliţele sumerienilor din Mesopotamia.

Prin intermediul babilonienilor, proprietăţile terapeutice ale macului sunt cunoscute apoi în Persia şi în Egipt. Grecii şi arabii utilizau opiul în scopuri terapeutice și ca analgezic pentru a calma durerea, tusea și diareea. În Grecia, macul era considerat un simbol al fecundității. Theofrastus (373-287 î.Hr.) menționează o otravă preparată din cucută și suc de mac, care ucide ușor și fără dureri.

Descoperirile arheologice din America de Sud au demonstrat faptul că mestecatul frunzelor de coca se practica încă din anul 3.000 î.Hr., dinainte de apariția Imperiului Incaș, coca reprezentând un simbol sacru pe care zeul soarelui l-a dăruit fiului său, Marele Inca.

Tentația de a ajunge la stări de euforie își are rădăcina în timpuri de mult apuse, chiar pe vremea dacilor și a romanilor se fumau anumite ierburi cu efecte afrodisiace și halucinogene.

Cauzele care au dus la apariția drogurilor au fost, de regulă, războaiele. Efectele drogurilor erau „benefice" pentru armatele diverselor popoare care trebuiau să reziste în regim de război, de multe ori fără hrană și fără apă. Așa au luat naștere substanțele excitante – droguri în formă primară. Tot războaiele au dus la dezastre umane. Astfel, în secolul al XVII-lea s-a descoperit morfina, un medicament care calma durerile provocate de răni. Cu timpul s-a realizat că morfina administrată în mod repetat duce foarte repede la dependență fizică și psihică. S-a căutat un înlocuitor și prin derivarea morfinei cu opium-ul s-a descoperit heroina, care inițial se credea că nu dă dependență așa de mare ca morfina. În realitate, dependența de heroină este de șapte ori mai mare decât cea de morfină.

După primul război mondial, aceste substanțe au început să fie consumate în toată lumea. Până la sfârșitul anilor '30, ele erau legale. Comercializarea lor, în timp, a dus la profituri enorme scoase în afara legii, drogurile au devenit o sursa inestimabilă de venit pentru piaţa neagră. Flagelul comerţului ilicit de stupefiante, pornit din America de Sud şi Orientul Mijlociu, a cuprins întreaga planetă.

2.3 Clasificarea drogurilor

Drogurile pot fi clasificate după mai multe criterii. Unii specialişti au introdus o clasificare bazată pe efectul social, alţii după efectele apărute în urma consumului de droguri, alţii după modul de producere a acestora etc.

A. După efectul produs asupra sistemului nervos central:
– produse depresoare (opiul, morfina, heroina, barbituricele, benzodiazepinele, tranchilizantele, hipnoticele, metaqualona etc.)
– produse stimulente (cocaina, crack-ul, khat-ul, amfetaminele, anorexigenele etc.)
– produse perturbatoare sau halucinogene (canabis-ul, LSD-ul, fencyclidina, mescalina, psilocybina, amfetamină nodificată – STP etc.)

B. După originea produsului:
– produse naturale (opiul, canabisul etc.)
– produse de semi-sinteză (heroina, LSD)
– produse de sinteză (mescaline, LSD 25, amfetamina etc.)

C. După regimul juridic al substanţelor:
– substanţe a căror fabricare şi administrare sunt supuse controlului (morfina, barbituricele etc.)
– substanţe total interzise (LSD, heroina, crack)

D. După dependenţa generată:
– droguri care creează dependenţa fizică
– droguri care creează dependenţa psihică
– droguri care creează dependenţa mixtă
O altă clasificare a drogurilor poate fi următoarea:

A. După modul de acţiune:
1. Psiholeptice (depresive):
§ Hipnotice (barbituricele)
§ Neuroleptice
§ Tranchilizante (diazepamul, meprobamatul)
2. Psihoanaleptice (stimulente):
§ Opiacee (opiul, morfina, heroina etc.)
§ Amfetamine
3. Psihodisleptice (halocinogene):
§ Halucinogenele propriu-zise (haşiş, mescalină etc.)
§ Halucinogene depersonalizante (LSD, psilocybina etc.)

B. După modul de producere:
1. Produse de natură vegetală:
§ Opiacee
§ Canabis
§ Cocaină
2. Produse de natură sintetică:
§ Mescalina

§ Psilocybina

§ LSD

În funcție de starea de agregare, trebuie să remarcăm că majoritatea drogurilor sunt compuși solizi și o mică parte lichizi, care, în mod frecvent, se întâlnesc pe piața consumatorilor de droguri sub următoarele forme:

– pulbere cristalină albă (cocaina, metamfetamina, ketamina, heroina de înaltă puritate etc.);

– capsule și tablete albe sau colorate (Ecstazy, amfetamina, Foxy etc.);

– pulbere colorată (heroina etc.)

– bulgări, granule, și plăcuțe amorfe sau cristaline (hașișul, opiul, crackul de cocaină);

– muguri sau frunze uscate și presate (canabisul, khatul, marijuana, psilocybinul, tutunul etc.);

– lichide (alcoolul, cafeaua, LSD, ketamina etc.).

După modul cum sunt introduse în organism, putem vorbi de:

– droguri destinate consumului oral (Ecstazy, Foxy, LSD etc.);

– droguri care sunt introduse în organism prin injectare (heroina, metamfetamina, ketamina etc.);

– droguri care se fumează (hașișul, opiul, marijuana, canabisul, crakul de cocaină etc.);

– droguri care se prizează (cocaina, heroina).

2.4 Droguri întâlnite în mod frecvent în consum și efectele acestora

CANNABIS

Informaţii generale

Canabis este denumirea generică pentru drogul psihoactiv cunoscut ca marijuana, iarbă, „dope". Numele ştiinţific al plantei canabis este „canabis sativa". Potrivit unui raport al Organizaţiei Naţiunilor Unite, canabisul a fost drogul cel mai produs, traficat şi consumat în 2010. În acel an, între 119 şi 224 de milioane de adulţi din întreaga lume l-au consumat.

Cum funcţionează canabisul?

Principala substanţă chimică psihoactivă (cu efecte asupra creierului) din canabis se numeşte delta – 9 tetrahydro – canabinol (THC). Această substanţă este cea care induce senzaţia de „high". Produsele pe bază de canabis au diverse concentraţii de THC. Conţinutul de THC din canabisul ilegal a crescut în mod îngrijorător în ultimii 50 de ani.

Canabisul este folosit în principal sub 3 forme: marijuana, haşiş şi ulei de haşiş. Marijuana este produsul rezultat din uscarea florilor şi a frunzelor plantei de canabis. Este produsul cel mai puţin puternic şi de obicei se fumează. Haşişul este obţinut din răşina plantei „canabis sativa". Este uscat, presat şi fumat, şi poate fii consumat ca atare sau adăugat în mâncare.

Uleiul de haşiş, cel mai puternic dintre produsele pe bază de canabis, apare sub forma unui ulei dens obţinut din haşiş. Canabisul se fumează în general, dar poate fi şi ingerat sau adăugat în prăjituri („hash cookies").

Canabisul este cunoscut sub numele de: marijuana, iarbă, pot, dope, Mary Jane, hooch, weed, hash, brew, cones, smoke, mull, buddha, ganja, hydro, yarndi, heads, shit şi green. Ţigările care conţin canabis sunt numite joint-uri sau „reefers".

Efecte

La fumarea canabisului, substanța THC este absorbită cu repeziciune din plămâni în sânge, iar apoi transmisă către creier și celelalte organe ale corpului. Când canabisul este consumat ca ingredient în alimente sau în băutură, substanța este absorbită mai încet.

În cazul consumului de canabis în scopuri recreaționale, pot apărea următoarele efecte:

· schimbarea percepției: efecte halucinogene, consumatorii văd realitatea distorsionat

· schimbarea stării de spirit: unele persoane resimt o senzație de euforie, alții de relaxare, cunoscută sub denumirea de „high".

· palpitații

· alterarea capacității de memorare

· afectarea memoriei pe termen scurt

· dificultăți de concentrare

· respirație accelerată

· volubilitate

· stare de somnolență

· lipsa de inhibiții

· calmarea stărilor de rău

· apetit crescut

· lipsa coordonării

· anxietate, paranoia

· senzație de uscăciune a ochilor, gurii, gâtului

· apetit crescut, poftă de dulciuri

· deficiențe de atenție

Semne ale abuzului de canabis

· crize de râs în fazele de început ale consumului abuziv

· somnolenţă

· lipsă de concentrare şi de coordonare

· tendinţa de a uita foarte repede

· ochi roşii

· percepţia distorsionată a timpului

· consumatorul are în permanenţă asupra lui un „kit", care conţine foiţe de hârtie, pipe, „bonguri"

· paranoia, comportament nerealist

Riscuri asupra sănătăţii

Conform studiilor, canabisul afectează negativ capacitatea de învăţare şi memoria, iar daunele persistă mult timp după ce efectele drogului dispar. La adolescenţii care consumă canabis, acestea pot persista câţiva ani, iar consecinţele asupra creierului aflat în dezvoltare sunt şi mai grave.

Potrivit unor studii recente, consumul de canabis favorizează instalarea bolilor respiratorii apărute ca urmare a fumatului, cum ar fi cancerul pulmonar. De asemenea, consumul este asociat cu scăderea libido-ului şi a fertilităţii şi cu o formă agresivă de cancer testicular la consumatorii tineri.

Dozele ridicate de canabis pot cauza stări de panică sau psihoză. Unele persoane au reacţii psihotice violente (gânduri şi senzaţii distorsionate, paranoia) sau suferă de atacuri de panică atunci când sunt sub influenţa drogului.

Cei care încep să consume canabis înainte de 16 ani sunt predispuşi la schizofrenie. Folosirea canabisului de către cei care suferă de schizofrenie duce la înrăutăţirea simptomelor psihotice.

Unele studii și rapoarte arată că utilizarea canabisului poate avea următoarele efecte:
· pierderi mari de memorie
· depresie
· slăbirea sistemului imunitar
· stări de vomă puternice
· paranoia

Simptome de sevraj

Persoanele dependente de canabis, care încearcă să întrerupă consumul, manifestă simptome de iritabilitate, agresivitate, insomnie, transpirație pe timp de noapte, lipsa poftei de mâncare, scădere / creștere în greutate, tulburări de digestie, crampe, stări de rău după mese, agitație, anxietate, depresie, pofte. Toate aceste simptome îngreunează abstinența.

Dependența de canabis: tratament

Terapiile comportamentale, cum ar fi terapia cognitive-comportamentală, terapia familială și stimulentele motivaționale s-au dovedit a fi eficiente în tratarea dependenței de canabis.

AMFETAMINE (Speed)
Informații generale

Termenul „amfetamină" se referă la un grup de substanțe din categoria stimulentelor. Amfetaminele au fost sintetizate în anii 1880 și folosite inițial ca decongestionant nazal, ca medicament în scopul inhibării creșterii în greutate și pentru a-i ajuta pe oameni să rămână treji. Acestea le erau prescrise soldaților în timpul războiului, pentru a le spori capacitatea de concentrare. În 1965, guvernul Statelor Unite a restricționat accesul la acest drog, din cauza potențialului crescut de răspândire a unei dependențe periculoase. La ora actuală, deși multe din aceste droguri sunt prescrise ca medicament de către entități medicale autorizate, amfetaminele sunt disponibile și pe piața neagră și sunt în general produse ilegal.

Amfetaminele sunt cunoscute și sub numele de „uppers" sau „speed", deoarece cresc viteza de reacție a organismului. Anumite tipuri de amfetamine sunt prescrise în mod legal de doctori pentru tratarea unor afecțiuni ca: deficitul de atenție (ADHD) și narcolepsia (care reprezintă o afecțiune manifestată printr-o nevoie incontrolabilă de a dormi).

Amfetaminele sunt comercializate de obicei sub formă de pastile.

Efectele amfetaminei

Stimulentele sunt folosite în exces atât pentru sporirea performanței, cât și în scopuri recreaționale. În cazul primei situații, acestea suprimă apetitul (ceea ce rezultă în pierderea greutății), sporesc capacitatea de efort, concentrarea și atenția. Efectele euforice ale stimulentelor cresc dacă pastilele sunt zdrobite înainte de a fi prizate sau injectate. Unii consumatori dizolvă tabletele în apă și injectează compoziția obținută. Aceștia își pun în pericol sănătatea, deoarece anumite ingrediente din compoziția pastilelor ilegale nu sunt dizolvabile și pot bloca unele vase sanguine (capilarele).

Simptome ale abuzului de amfetamine

Toate tipurile de substanțe stimulente acționează prin eliberarea unui exces de dopamină în creier (dopamina este o substanţă chimica din creier – un neurotransmiţător – responsabilă de senzaţia de plăcere). Rezultatele terapeutice ale stimulentelor sunt atinse prin creşterea progresivă a nivelului de dopamină, în acelaşi ritm în care ea este produsă de către creier. Dozele prescrise de către medici sunt la început mici şi cresc treptat, până la atingerea efectului terapeutic necesar. Atunci când substanţa este folosită în alte doze decât cele prescrise, nivelul de dopamină din creier creşte într-un ritm rapid şi necontrolat şi dereglează comunicarea între celulele nervoase, provocând astfel o senzaţie temporară de euforie şi mărind riscul apariţiei dependenţei.

Amfetaminele nu afectează doar creierul, ci şi inima, plămânii şi alte organe. Consumatorii resimt o reactivitate crescută, entuziasm, dispariţia senzaţiei de somn, sau chiar euforie şi o senzaţie de putere absolută. Printre efectele fizice se numără accelerarea respiraţiei, mărirea pulsului, tensiunea crescută, pupilele dilatate, scrâşnirea dinţilor şi apetitul redus. Aceste efecte durează şase ore sau mai mult, de la caz la caz.

Consumul de doze mai ridicate poate provoca febră, transpiraţie, dureri de cap, dereglări de vedere, ameţeli. Dozele foarte ridicate duc la dereglarea ritmului cardiac, dureri în piept, tremurat, pierderea capacităţii de coordonare a mişcării, convulsii, inconştienţă sau chiar moarte, ca urmare a unui infarct sau accident vascular cerebral.

Alte semne care indică un consum abuziv de amfetamine sunt: agresivitate, schimbări bruşte ale stării de spirit, iritabilitate, dereglări ale somnului, nevoi compulsive. Simptomele pe termen lung includ distimia, o tulburare de comportament constând în depresie cronică. Pot apărea şi dereglări de alimentaţie, oboseală, lipsa încrederii în sine, depresie, letargie.

Riscuri pentru sănătate

Stimulentele pot duce la creşterea tensiunii arteriale, a ritmului cardiac, a temperaturii corpului, la scăderea nevoii de somn şi a apetitului (cu riscul instalării malnutriţiei). Folosirea regulată provoacă ostilitate şi paranoia. Dozele foarte mari cauzează probleme cardiovasculare complexe, inclusiv accidente vasculare.

Cel mai riscant aspect al abuzului de amfetamine este pericolul instalării dependenţei. În timp, consumul excesiv de amfetamine poate rezulta în comportamente psihotice, violenţă, agresivitate, halucinaţii, convulsii. Alte efecte sunt: malnutriţia, ca urmare a suprimării poftei de mâncare, sau predispoziţia crescută la boli (din cauza alimentaţiei sarăce, a lipsei somnului şi a mediului nesănătos). Persoanele care îşi injectează substanţa riscă infectarea cu hepatită, SIDA şi blocarea vaselor de sânge (ceea ce poate duce la disfuncţii ale rinichilor, plămânilor, atacuri cerebrale sau la alte leziuni ale ţesuturilor).

Amfetamine: simptome de sevraj

La dispariţia efectelor drogului, consumatorii de amfetamine resimt oboseală cronică, dereglări ale somnului, o senzaţie de foame nestăpânită şi depresie. De obicei, aceste simptome de sevraj dispar treptat după câteva zile, dar pot persista pentru câteva săptămâni în cazul unora dintre pacienţi. Corpul are nevoie de o perioadă îndelungată (între 6 luni şi un an) pentru a se reface suficient şi a reveni la funcţiile normale.

Sevrajul la consumatorii abuzivi intervine la 2-3 zile după oprirea consumului şi poate dura câteva luni.

Consumul de amfetamine pe termen lung

Consumul îndelungat de amfetamine duce la apariţia următoarelor probleme:

· psihoză
· afecţiuni de ordin fiziologic şi comportamental
· ameţeală
· bătăi neregulate ale inimii
· probleme de respiraţie
· schimbări de atitudine sau de temperament
· oboseală sau slăbiciune acută
· aritmie cardiacă
· activităţi fizice repetate
· convulsii, comă, moarte
· ulcer
· malnutriţie
· boli mentale
· probleme ale pielii
· deficienţă de vitamine
· piele foarte palidă sau foarte roşie
· pierderea abilităţii de coordonare, colaps fizic

MARIHUANA

Marihuana este un amestec verde, maro sau gri din frunzele, tulpinile, seminţele şi florile uscate ale cânepei („Cannabis Sativa") şi are aspect de tutun verzui tăiat foarte fin. La cei care utilizează multă marihuana, THC-ul poate fi găsit în organism chiar după săptămâni de la încetarea folosirii drogului. Toate tipurile de marihuana au efect halucinogen de intensitate scăzută, perturbând funcţiile creierului.

HEROINA

Este un drog tare care produce puternice stări de euforie. Este extrasă prin metode chimice din morfină. Oamenii care folosesc heroina sunt supuși unui mare risc de a deveni dependenți. Vulnerabili la posibilitatea de a consuma heroină sunt persoanele tinere care nu știu ce urmări poate avea consumul acestui drog. Heroina este un fel de praf (pudră) și uneori este combinată cu diferite substanțe. Se poate și injecta. Efectele acestui drog sunt dramatice. În primul rând sunt efectele psihice și faptul că persoanele dependente vor fi respinse de către societate. În al doilea rând consumatorii de heroină vor avea mari probleme cardiovasculare și respiratorii. Alte efecte ale consumului de droguri sunt: constipație, dereglări sexuale sau endocardita. Poate duce însă și la diminuarea văzului, la pneumonie, la comă și chiar la moarte.

COCAINA

Este un drog destul de puternic care poate duce rapid la dependență. Se prezintă sub formă de pudră cristalină de culoare albă. Poate fi prizată sau, dacă este sub formă lichidă, se poate injecta. Are un efect rapid asupra organismului, efect ce durează până la 20 de minute. După terminarea efectului, consumatorul simte din nou nevoia acelei stări euforice și dorește o nouă doză. Efectele cocainei: nervozitate, depresie, acte iraționale, halucinații, paranoia, hipertensiune, probleme cardiovasculare, hemoragii cerebrale. Trebuie să adăugăm faptul că în cele din urma poate duce la moarte. Pentru 15-20 de minute de euforie nu merită să vă distrugeți viața.

Nu uitați: dacă ați consumat odată, puteți deveni dependenți și societatea în care trăiți vă va respinge ca om.

ECSTASY

Ecstasy se prezintă sub formă de tablete sau capsule. Drogul produce senzaţii plăcute, senzaţii de fericire şi armonie. Acest drog afectează în primul rând creierul.

2.5 Precursori utilizaţi în producţia de droguri

Precursorii sunt substanţele chimice folosite pentru fabricarea ilicită a drogurilor. Datorită faptului că drogurile nu pot fi fabricate fără aceste substanţe, statele lumii au încercat introducerea acestora în cadrul unor unor liste de substanţe interzise atât la producere, cât şi la comercializare.

La nivel mondial, precursorii întâlniţi în mod frecvent au făcut obiectul unor convenţii, fiind aprobate la nivel internaţional şi al Comisiei Europene mai multe acte normative, astfel:

a) Convenţia împotriva traficului şi consumului ilicit de stupefiante şi substanţe psihotrope din 1988, semnată la Viena, adoptată de către 108 ţări;

b) Regulamentul CE nr. 273/2004 privind precursorii de droguri;

c) Regulamentul CE nr. 111/2005 privind supravegherea comerţului cu precursori de droguri între Comunitate şi ţările terţe;

d) Regulamentul CE nr. 1277/2005 care stabileşte modalităţile de aplicare a Regulamentelor CE nr. 273/2004 şi 111/2005.

Cele mai folosite substanţe precursoare sunt:
– acid lisergic
– efedrină
– erogometrină
– ergotamină

– 1-fenil-propan-2-onă
– pseudoefedrină
– acetonă
– acid antranilic
– acid fenilacetic
– anhidridă acetică
– eter etilic
– piperidină

În România, substanțele folosite ca precursori au făcut obiectul atenției reprezentanților puterii legislative, fiind introduse în cadrul unor prevederi legale specifice, astfel:

– Legea nr. 300/2002 privind regimul juridic al precursorilor folosiți la fabricarea ilicită a drogurilor

– Ordonanța de urgență nr. 121/2006 privind regimul juridic al precursorilor de droguri, care modifică și abrogă Legea nr. 300/2002

Potrivit Legii nr. 300/2002 precursorii folosiți la fabricarea substanțelor stupefiante sunt cuprinși în trei categorii astfel:

1. categoria I
– efedrină
– ergometrină
– ergotamină
– acid lisergic
– fenil 1 propanonă 2 (BMK)
– pseudoefedrină
– acid N-acetil antranilic
– 3,4-metilendioxifenil-propanonă-2 (PMK)
– isosafrol
– piperonal

– safrol

– clorhidrat de pseudoefedrină

– sulfat de pseudoefedrină

– clorhidrat de efedrină

– nitrat de efedrină

– sulfat de efedrină

– clorhidrat de ergometrină

– hidrogenomaleat de ergometrină

– oxalat de ergometrină

– tartrat de ergometrină

– clorhidrat de ergotamină

– succinat de ergotamină

– tartrat de ergotamină

– noroefedrină

– permanganat de potasiu

2. categoria a II-a

– anhidridă acetică

– acid antranilic

– acid fenil acetic

– piperidină

– auriclorură de piperidină

– clorhidrat de piperidină

– hidrogen tartrat de piperidină

– nitrat de piperidină

– fosfat de piperidină

– picrat de piperidină

– platinoclorură de piperidină

– tiocianat de piperidină

3. categoria a III-a

– acetone

– eter etilic (oxid de dietil)
– metiletilcetonă (MEK)
– toluene
– acid sulfuric
– acid clorhidric

În conformitate cu prevederile legale operaţiunile cu precursori sunt premise doar pe baza unei autorizaţii special emise de către Agenţia Naţională pentru Substanţe şi Preparate Chimice Periculoase, în urma obţinerii avizului Inspectoratului General al Poliţiei Române.

Pentru a putea efectua operaţiuni cu precursori, toate farmaciile (inclusiv cele veterinare) trebuie să obţină autorizaţii eliberate de către Ministerul Sănătăţii, după obţinerea avizului Inspectoratului General al Poliţiei Române.

Pentru efectuarea unor operaţiuni de export sau de import a precursorilor, agenţii economici trebuie să obţină autorizaţii special şi să se încadreze în limitele anuale aprobate pentru astfel de activităţi.

2.6 Etnobotanicele

Informaţii generale

Etnobotanicele (spice-uri sau condimente) sunt droguri psihoactive ilegale, constând din amestecuri de ierburi uscate şi diverse piese de plante (frunze, tulpini, rădăcini etc.). După ce au devenit cunoscute, spice-urile au intrat rapid pe piaţa consumatorilor de droguri, de exemplu: în rândul tinerilor, aceştia folosindu-le din ce în ce mai frecvent la petreceri. Etnobotanicele au devenit după „iarbă" cele mai folosite droguri.

La distribuitori se găsesc sub diferite forme: Silver, Gold (imagine), Diamond, Tropical Synergi, Arctic Synergy.

Etnobotanicele conțin în funcție de producător diferite amestecuri de ierburi. Exemplu: coriandru, coadă de leu, floare de lotus albastră, Maconha Brava, cunoscută și sub denumirea de „marijuana falsă" și multe altele.

În urma unor serii de teste efectuate s-a găsit în aceste amestecuri chiar și tămâie. Pe lângă aceste plante, amestecurile conțin compuși chimici, cum ar fi: agenți chimici canabiomimentici, adică compuși care mimează efectele canabisului (ex:

CP-47, 497 – canabiciclohexan). Alte exemple de compuşi chimici ce imită efectul halucinogen al canabisului sunt: JWH-018, JWH-073 sau HU-210 (sunt toţi agenţi canabiomimetici). Pe lângă aceşti compuşi, esenţiali obţinerii efectului halucinogen, substanţele etnobotanice mai pot conţine şi diferiţi aditivi aromatizanţi, cu scopul de a da produsului o aromă specifică (ex.: vanilie, miere sau esenţă de trandafir).

Tipuri de etnobotanice

Din categoria drogurilor sintetice fac parte: mefedrona (drog stimulant), spice (K-2, sau marijuana sintetică), foxy methoxy (drog halucinogen). Drogurile sintetice sunt comercializate sub denumiri legale, cum ar fi amestecuri de plante uscate, beţişoare parfumate, săruri de baie, îngrăşăminte pentru plante, soluţii de curăţat bijuterii.

Pe aceste produse apare menţiunea „Strict interzis consumului uman", astfel că ele nu sunt supuse legislaţiei care se aplică medicamentelor şi drogurilor ilicite, în ciuda faptului că sunt mai puternice şi periculoase, cu compoziţii mult mai puţin studiate decât omoloagele lor ilegale de pe piaţă.

Drogurile sintetice sunt adesea cunoscute şi sub denumirea de „droguri de club", fiind consumate de către tineri şi adolescenţi în baruri, cluburi, la concerte şi petreceri.

Cele trei categorii principale în care se împart aceste droguri sunt:

· canabis sintetic

· droguri sintetice cu acţiune stimulantă (vândute de obicei ca „săruri de baie", cu efecte asemănătoare cocainei, metamfetaminelor şi ecstasy-ului)

· droguri sintetice halucinogene (cu aceleași efecte ca LSD și ecstasy)

Efectele etnobotanicelor

În funcție de drogul consumat, pot fi resimțite: stări de euforie, lipsa oboselii, apetit scăzut, relaxare puternică, amnezie, detașare. Printre efectele nedorite se numără: halucinațiile, atacurile de panica, paranoia, comportamentul agresiv. Pot apărea efecte fizice cum ar fi: grețurile, probleme cu tensiunea, convulsii, dificultăți de vorbire, pierderea cunoștinței.

Aceste droguri, în funcție de cantitățile consumate, pot chiar cauza comă sau moartea.

<u>Semne ale abuzului de etnobotanice</u>

Semnele abuzului de droguri sintetice sunt asemănătoare cu cele ale dependenței de alcool sau de droguri de stradă, acestea fiind:

· schimbări de comportament, cum ar fi următoarele: izolarea de familie, atitudinea defensivă referitoare la consumul de droguri

· îngrășare sau pierdere în greutate

· schimbări de înfățișare și igiena

· confuzie, lipsa de orientare

· paranoia

· probleme legate de somn: insomnii, neliniște, coșmaruri

· furtul de bani de la membrii familiei

· scăderea performanței la scoală sau la serviciu

· deteriorarea relațiilor sociale

· lipsă de interes față de prietenii și activitățile de altădată

**<u>Alte semne care indică consumul de etnobota-
nice sunt date de prezența asupra persoanelor, în
autoturisme sau în locuințe a următoarelor obiecte:</u>**
- sticluțe de medicamente goale
- pungi mici de plastic cu urme de praf alb
- pipe, inhalatoare, seringi

<u>Riscuri pentru sănătate</u>

Lipsa de informații referitoare la compoziția chimică, la provenienţa ingredientelor şi a substanţelor posibil periculoase utilizate pentru fabricarea drogurilor etnobotanice îngreunează evaluarea riscurilor pentru sănătate şi a nivelului de toxicitate. Unele droguri sunt combinate cu alcool şi alte droguri ilegale, ceea ce determină efecte secundare şi mai periculoase.

Consumul de etnobotanice reduce inhibiţiile şi încurajează comportamentul riscant, crescând astfel şansele ca adolescenţii să conducă sub influenţa drogurilor, să facă sex neprotejat sau să fie implicaţi în accidente.

Majoritatea drogurilor sintetice nu pot fi depistate în urină sau alte analize medicale, ceea ce face ca nivelul de intoxicare să nu poată fi stabilit.

Drogurile etnobotanice pot avea efecte secundare dezastruoase:
- dependenţă fizică şi psihică
- schimbări de temperament
- probleme cu somnul
- comportament psihotic
- hipertermie (persoanelor le este foarte cald)
- convulsii
- infarct

· tensiune ridicată

· probleme respiratorii grave

· comă și chiar moarte

Simptome de sevraj

Etnobotanicele sunt produse în laboratoare clandestine, astfel că ingredientele și componența acestora pot varia foarte mult. De aceea este imposibil de știut exact ce efecte au și ce ingrediente conțin. Printre simptomele de sevraj identificate se numără: insomnia, anxietatea, tremurăturile, transpirația, dependența fizică etc. Persoanele în sevraj pot experimenta depresie, agitație, stări de greață, vărsături, tremurături, transpirații reci, puls crescut și tensiune ridicată.

Tratamentul pentru dependența de etnobotanice

Publicațiile medicale și științifice oferă puține informații referitoare la tratamentul indicat persoanelor care sunt dependente de drogurile sintetice de acest fel (etnobotanice). Nu există un tratament standard, deoarece medicii nu au date referitoare la compoziția etnobotanicelor (aceasta variază foarte mult), motiv pentru care se începe cu tratarea simptomelor.

3. TRAFICUL DE DROGURI

Dintr-o fostă țară de tranzit, România a ajuns în prezent și teritoriu de depozitare, unde drogurile sunt introduse de regulă prin frontiera de sud, sunt stocate pentru diferite perioade de timp și în final sunt redistribuite spre țările cu consum ridicat. Drogurile pătrund în România prin punctele vamale; Giurgiu, Vama Veche, portul Constanța sau alte porturi de pe Dunăre, fiind transportate fie prin Bulgaria, fie pe Marea Neagră.

Mijloacele de transport sau locurile de disimulare folosite sunt de obicei containerele, TIR-uri, autoturismele personale, bagajele de mână, sau direct pe corp, la purtător. Un rol important în transportul drogurilor spre România îl au firmele turistice turcești, care transportă persoane din România spre Turcia și invers, cât și cursele RO-RO din portul Constanța. Modul de disimulare al drogurilor în aceste mijloace de transport este foarte variat. De regulă, curierii angajați de traficanții de droguri nu cunosc ce transportă și, pentru diverse sume de bani, își asumă riscuri deosebite. Acest sistem este practicat și în redistribuirea drogurilor din România spre vestul Europei, acțiunile de pregătire și ascundere făcându-se prin diverse firme ce desfășoară în mod legal activități comerciale.

3.1 Rute de trafic

Rute mondiale ale traficului de opiu produs în Afganistan conform
EMCDA

Datorită poziției sale geo-strategice, în perioada 1990-2000, țara noastră a devenit un segment important al rutei balcanice de traficare a drogurilor, îndeosebi pe varianta nord-vestică, respectiv: Iran – Turcia – Bulgaria – România – Ungaria – Slovacia – Cehia – Germania – Olanda.

România reprezintă **principalul tronson al celei de-a doua rute balcanice** de transport a drogurilor către Europa Occidentală. Ruta a doua balcanică de transport pornește din Turcia, traversează Bulgaria, intră în România pe la punctele de frontieră Ruse-Giurgiu, trece prin București, după care continuă prin zona subcarpatică spre vest, intrând în Ungaria. În continuare trece prin Budapesta, intră în Slovacia prin Rajka, traversează teritoriul slovac prin zona sud vestică, ajunge în Cehia, de unde pătrunde în Germania prin punctele de frontieră dintre cele două țări.

O altă variantă a celei de-a doua rute balcanice care include și un tronson maritim este Istambul – Constanța (pe Marea Neagră) – București, după care intră pe traseul descris mai sus. Din București există și o altă variantă care traversează zona vestică a României, dar care din Ungaria se bifurcă, continuând prin Polonia spre Germania.

Prima rută balcanică, ce ocolește România, dar care poate oricând să includă și variante prin România, are următorul traseu: Turcia – Bulgaria – Serbia – Ungaria, la Budapesta intrând pe tronsonul celei de-a doua rute balcanice. Merită de reținut și ruta Turcia – Albania – Serbia, care a fost întreruptă din cauza războiului din fosta Iugoslavie.

Prezentarea acestor rute de transport a drogurilor nu exclude și alte variante care să vizeze România, depistarea acestora depinzând în mare măsură de abilitatea organelor de poliție române și în special, de modul cum se cooperează cu polițiile țărilor din zonă.

În cursul anului 2013, organele de poliție română au stabilit că originea drogurilor precum și rutele de traficare a acestora nu au suferit modificări semnificative, variații minore

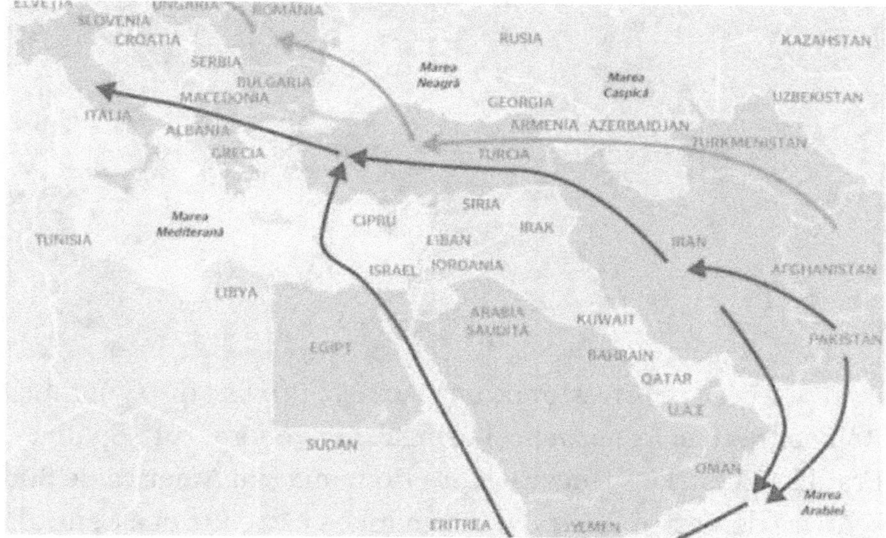

ale acestor indicatori menținându-se în normalitatea unei piețe a drogurilor formată și aflată într-o continuă dezvoltare atât ca cerere cât și ca ofertă.

Rutele de traficare a heroinei utilizate de către grupările de crimă organizată rămân stabile, aceasta continuând să fie traficată din Afganistan pe ruta Pakistan – Iran – Turcia – Grecia – fostele state iugoslave și statele din Europa de Vest, ruta tradițională balcanică, având ca destinație România, Anglia și Olanda. România constituie un nod important al brațului nordic al rutei Balcanice, alături de Bulgaria și Ungaria.

La nivel mondial traseele folosite de către traficanții de heroină au fost stabilite de către organizațiile internaționale în domeniul combaterii traficului de droguri, fiind prezentate în următoarea imagine:

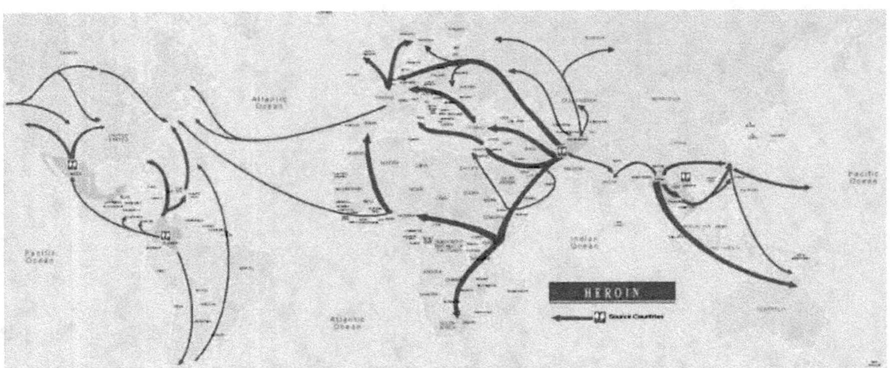

În ceea ce priveşte cocaina, aceasta provine din Columbia, Bolivia, Peru şi Venezuela şi urmează în general ruta Spania – Franţa – Austria – Ungaria către România sau America de Sud – Africa de Vest şi Centrală – România – către Europa Centrală şi de Vest. Fiind un drog scump, acesta este accesibil unei categorii de consumatori cu posibilităţi materiale ridicate, fiind, de aceea, disponibil în special în marile aglomerări urbane – Bucureşti, Timişoara şi Constanţa.

La nivel mondial rutele de trafic ale cocainei au fost identificate, sunt permanent monitorizate de către structurile cu atribuţii specifice în combaterea traficului ilicit de substanţe stupefiante şi sunt prezentate în următoarea imagine:

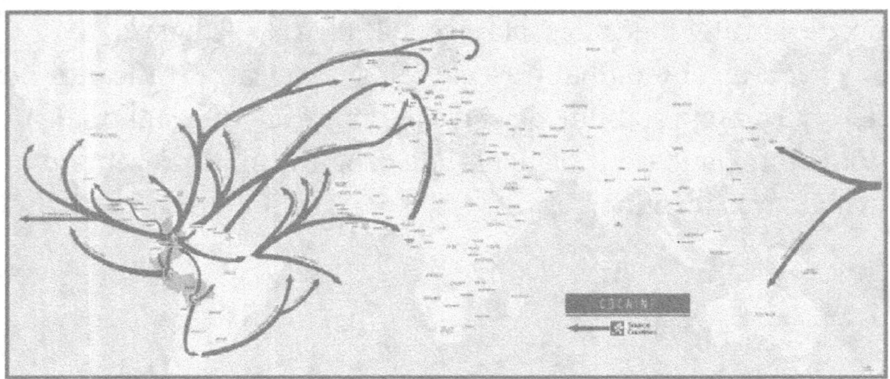

Canabisul provine din Spania, Grecia, Bulgaria, Italia, Cehia sau Albania tranzitează Serbia sau Bulgaria, în funcţie de ruta urmată, şi intră în România prin Ungaria sau Bulgaria. Culturile de canabis autohtone continuă să se extindă, numărul capturilor şi cantităţile capturate constituindu-se într-un indicator al reorientării activităţii traficanţilor, cu scopul evitării riscurilor determinate de eventualele transporturi internaţionale.

Drogurile sintetice (amfetamine, derivaţi de amfetamine, metamfetamine şi ecstasy) continuă să provină din statele din Vestul Europei, acestea ajungând în România fie prin sistemul de coletărie, fie aerian sau terestru. În anul 2013, au existat încercări de introducere a unor substanţe chimice nesupuse controlului ce pot fi uşor transformate în precursori de droguri, denumite generic – precursori, în special de către cetăţeni ai statelor cu tradiţie în producerea de droguri sintetice (Olanda, Belgia).

„Etnobotanicele" sau „drogurile legale" provin în principal din China, dar există importuri şi din Germania şi Anglia. Substanţele sunt introduse în România în principal prin intermediul societăţilor de curierat rapid. Distribuitorii le achiziţionează la un preţ relativ mic, de aproximativ 2 euro/gram şi le vând la preţuri de până la 22 euro/gram.

3.2 Destinaţii finale

Cu toate că România se află pe rute importante de trafic de droguri o mică parte din acestea rămân pentru consumul intern, o mare parte din cantităţile de substanţe psihotrope şi halucinogene îşi urmează drumul către destinaţiile finale.

Destinaţiile finale ale consumului de droguri sunt în special statele din vestul Europei şi statele aflate în continentul American, aşa cum se poate observa şi din figura următoare:

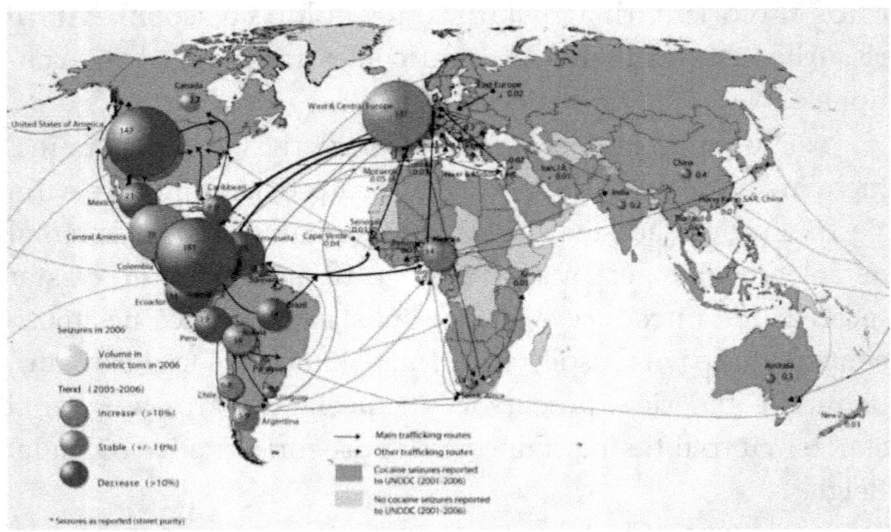

Stupefiantele care tranzitează România provin în principal din America de Sud. După ce părăsesc teritoriul ţării noastre, drogurile ajung în state din Europa de Vest precum Olanda, Germania, Belgia ori Spania.

3.3 Droguri descoperite

Încă de la începutul apariţiei drogurilor în cantităţi mai mari în ţara noastră, autorităţile din România au început lupta contra traficanţilor şi consumatorilor de substanţe halucinogene şi psihotrope, chiar dacă în acea perioadă cunoştinţele în domeniu şi dotările de care dispuneau erau deficitare.

Începând cu anul 1990, datorită dotărilor precare pe care structurile cu atribuţii în traficul şi consumul de substanţe stupefiante cantităţile de droguri descoperite şi confiscate au fost mai mici, dar slaba dotare a fost contracarată de profesionalismul de care au dat dovadă lucrătorii Poliţiei Române şi ai structurilor vamale.

La începutul anilor 1990, singura modalitate de descoperire a substanţelor stupefiante era luarea unor probe din prafurile descoperite cu ocazia percheziţiilor şi a controalelor în trafic a autoturismelor ale căror conducători auto au săvârşit infracţiuni la adresa siguranţei rutiere.

Laboratoarele criminalistice aflate atât în componenţa structurilor locale ale organelor de poliţie, cât şi a structurilor centrale au fost puse în situaţia în care erau obligate ca într-un termen foarte scurt să răspundă la întrebarea dacă prafurile erau droguri sau nu.

Cu toate acestea, situaţia confiscărilor de droguri în România, în perioada 1990-2000, se prezintă astfel:

ANUL	TIPURI DE DROGURI					
	HAŞIŞ + CANNABIS	OPIU	HEROINĂ	COCAINĂ	MORFINĂ	LSD
1991	0,278	10,000	12,372	13,170	-	-
1992	2,132	3,989	6,734	17,666	—	-
1993	11180,646	1,000	93,534	105,658	-	-
1994	1579,489	0,193	348,972	-	283	-
1995	40,363	0,502	54,484	15,794	25	13
1996	4851,528	1,442	103,347	712,611	74	-
1997	1351,928	2,488	117,922	69,536	71	-
1998	370,560	0,730	412,330	1,200	17	-
1999	43,530	2,470	63,630	9,670	132	1
2000	13,030	0,060	4,910	12,970	111	-
TOTAL	19433,484	22,874	1218,235	958,275	713	14

Aşa cum rezultă din statistica Poliţiei Române, în perioada 01.01.1991-02.08.2000 au fost descoperite 840 cazuri de trafic ilicit de droguri, fiind confiscate 21632,869 kg de asemenea substanțe. Tot din aceste statistici rezultă că au fost implicate 1143 persoane, din care 580 cetățeni români.

Din analiza acestor cazuri și a informațiilor existente se pot trage următoarele concluzii:

– în cursul anilor 1991-1999 au fost descoperite 731 de cazuri de trafic ilicit de droguri, fiind confiscate peste 21630 kg. de asemenea substanțe;

– numai la punctele de trecere a frontierei de stat au fost descoperite peste 4817 kg de droguri, 5 recipienți cu Osmiu Radioactiv, precum și alte valori sau bunuri de larg consum, iar în primele șase luni ale anului 2000 au fost descoperite 15,710 kg cocaină și 139,880 kg de alte substanțe stupefiante;

– România prezintă un interes din ce în ce mai mare pentru rețelele de traficare a hașișului din Africa și a cocainei din America de Sud spre statele membre ale U.E., în special Germania, Olanda, Belgia, Austria, Italia și Spania;

– creșterea accentuată a criminalității, concretizată prin descoperirea și anihilarea până în prezent pe teritoriul României a peste 50 de rețele transnaționale

– în domeniul traficului ilegal de droguri compuse din peste 500 de traficanți străini și români;

– cu toate eforturile depuse și metodele utilizate, organele cu competență la frontieră se confruntă cu situații deosebite, atât în ceea ce privește modul de acțiune ai infractorilor, cât și posibilitățile concrete de descoperire și sancționare a tuturor celor implicați în activități cu caracter infracțional;

– o mică parte din drogurile care intră în România rămâne în țară, cantitățile mari sunt valorificate de traficanți în țările cu consum ridicat;

– forţele şi mijloacele existente în prezent, precum şi infrastructura de la frontieră se dovedesc insuficiente pe termen mediu şi lung în absenţa unui important şi puternic sprijin comunitar,

Începând cu anul 2000, datorită dotărilor de care dispuneau şi cooperării şi schimbului de experienţă şi informaţii cu celelalte organizaţii şi organisme regionale şi internaţionale, autorităţile din România au început să obţină succese tot mai mari în lupta acestui flagel al lumii moderne.

Situaţia drogurilor confiscate, a persoanelor care au făcut obiectul unor cercetări specifice şi a bunurilor confiscate/imobilizate pentru perioada 2006-2014 se prezintă astfel:

CATEGORII DE DROGURI CONFISCATE

ANUL	DROGURI DE MARE RISC				DROGURI DE RISC		PRECURSOR I
	COCAINĂ, HEROINĂ etc.	COMPRIMATE MDMA, ECSTASY	TIMBRE LSD	METADONĂ	CANABIS, REZINĂ DE CANABIS etc.	MEDICAMENTE (COMPRIMATE)	ANHIDRIDĂ ACETICĂ
2006	43,3 kg						507 litri
2007	165,6 kg	31.696 comprimate			1.200 kg		1.200 litri
2008	389,140 kg	57.831 comprimate	71 buc		2.120,085 kg		
2009	1.368,86 kg	21.284 comprimate	315 buc		265,0963 kg	2.721 buc	
2010	110,60 kg	19.127 comprimate		11.354 comprimate	143.071,41 kg	1.769 buc	
2011	174,2309 kg	19.000 comprimate			268,09969 kg		
2012	99,809 kg	13.000 comprimate			355,686 kg	2.017 buc	
2013	164,897 kg	27.506 comprimate			189,56 kg		
2014	141,45 kg	390.205 comprimate			646,27 kg	7.000 buc	

PERSOANE CERA AU FOST CERCETATE PENTRU INFRACŢIUNI DE TRAFIC DE DROGURI

ANUL	DOSARE SOLUŢIONATE	RECHIZITORII ÎNTOCMITE	INCULPAŢI TRIMIŞI ÎN JUDECATĂ	INCULPAŢI ÎN STARE DE AREST PREVENTIV	VALOAREA DE PIAŢĂ A DROGURILOR CONFISCATE
2006	1.237 cauze				
2007	2.960 cauze	334	749	460	
2008	2.575 cauze	395	891	577	20.000.000 euro
2009	2.906 cauze	411	976	432	167.000.000 euro
2010	3.360 cauze	432	1.099	689	4.200.000 euro
2011	4.087 cauze	436	1.060	615	15.000.000 euro
2012	3.775 cauze	420	1.131	738	10.500.000 euro
2013	4.513 cauze	484	1.163	747	15.650.000 euro
2014	2.798 cauze	476	1.245	685	16.000.000 euro

BUNURI CONFISCATE SAU INDISPONIBILIZATE CA MĂSURĂ ASIGURATORIE

ANUL	EURO	DOLARI USD	LEI (RON)	AUR ŞI BIJUTERII DIN AUR	IMOBILE	AUTOTURISME	ARME DE FOC	MUNIŢIE
2006								
2007	218.000	11.000	23.000	4,2 kg	1	17		
2008	61.380	957	64.980	1,40 kg	3	17		
2009								
2010	217.777	15.250	70.870		10	65	55 buc	628 buc
2011	202.537	8.569	844.338		5	23		
2012	529.945	3.108	1.607.630		4	28	21 buc	
2013								
2014								

NOTĂ: Pentru anii 2006, 2009 2013 şi 2014 nu au fost comunicate date centralizate la nivelul DIICOT, ci doar în cadrul soluţionării în instanţă a dosarelor penale.

Pentru o mai bună înţelegere a luptei continue împotriva traficului de substanţe stupefiante evidenţiem în continuare a scurtă prezentare a situaţiei capturilor, pe judeţe, de cocaină şi rezină de canabis, aşa cum sunt ele prezentate de către Agenţia Naţională Antidrog.

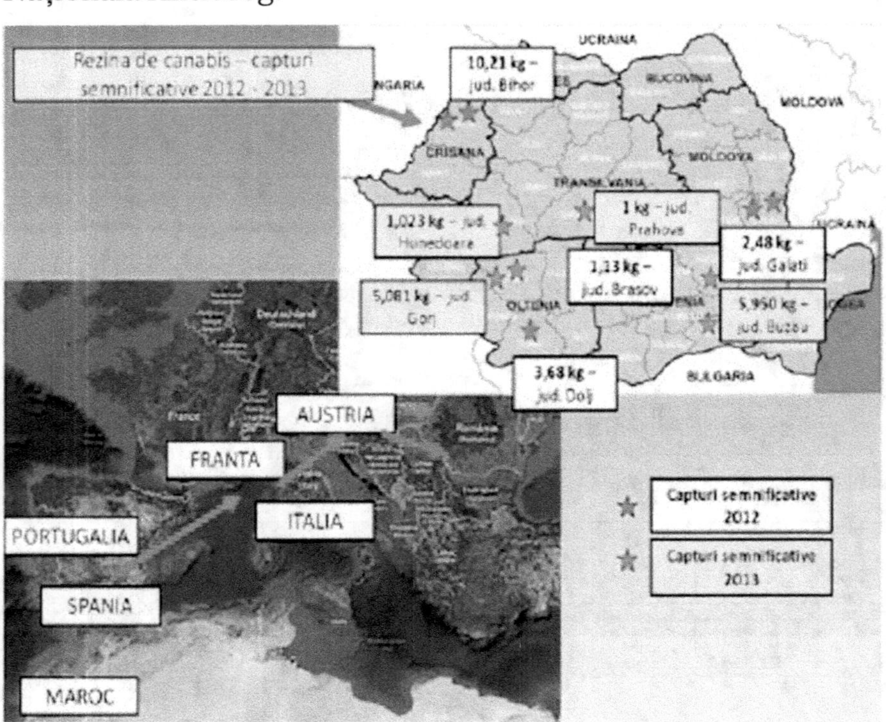

Capturi semnificative de rezină de canabis realizate în perioada 2012-2013

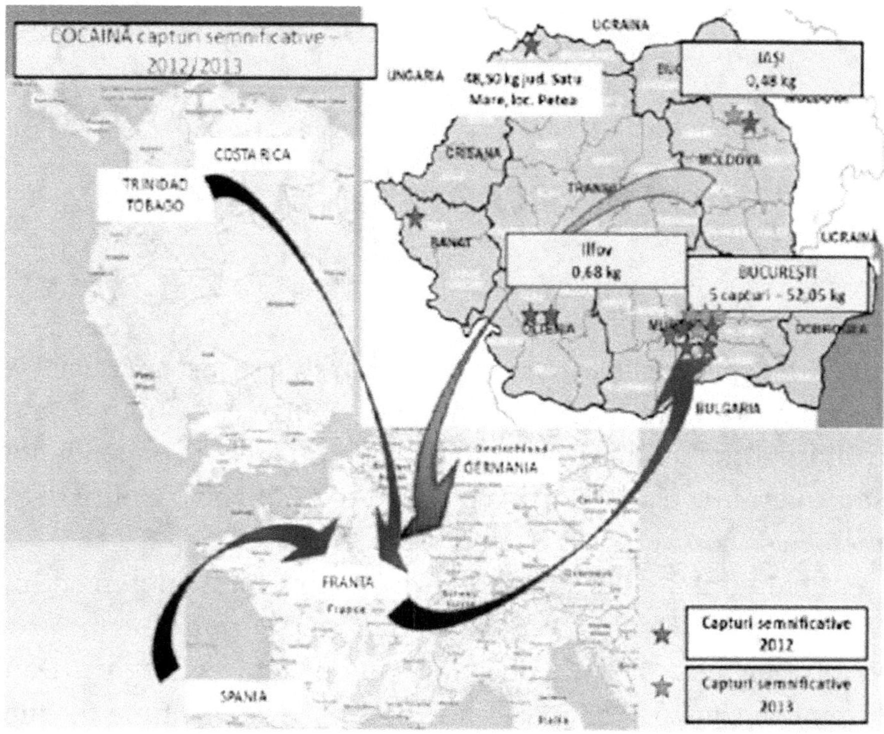

Capturi semnificative de cocaină realizate în perioada 2012-2013
Sursa: Agenția Națională Antidrog

4. TRAFICANŢI ŞI CONSUMATORI

Se spune că există „droguri uşoare". Că „iarba nu ucide". Că tragi câteva fumuri „eliberatoare", pentru că „viaţa poate fi trăită şi altfel". Că o ţigară e „banală" şi nu creează dependenţă sau toleranţă. Toate astea sunt însă din „folclor". Poliţiştii şi medicii se confruntă cu altă realitate.

Mai întâi e curiozitatea. Apoi teribilismul adolescentin. Să fii „high", să fii „cool", să fii „liber". Să te poţi „bucura" de viaţă. Dar nici vorbă de libertate sau de viaţă în droguri! Dau numai senzaţia de bine absolut, apoi ucid tot. Victima devine mai întâi sclav absolut. Apoi moare, în multe dintre cazuri. După ea, mai trage şi pe alţii: familia! Se pot salva cei foarte puternici, prin propria voinţă şi cu ajutor pe termen foarte lung din partea celor din jur.

PERICOLUL NU E DEPARTE

În popor se spune că „iarba" nu creează dependenţă sau toleranţă, pericolul fiind foarte departe. Poliţiştii spun însă că în peste 90% din cazuri, consumatorii de droguri uşoare ajung, mai devreme sau mai târziu, dependenţi de droguri puternice. Medicii sunt mai optimişti, estimând că aproximativ unul din doi consumatori ajung să nu se mai poată opri.

„Consumatorul este o victimă. Vina lui se oprește la prima țigară. De la a doua nu mai stai de vorbă cu el, ci cu drogul din el. Legislația românească, în acest moment, protejează cumva victima, arestările făcându-se, la acest nivel, doar pentru deținerea de droguri, în vederea consumului", spune comisarul-șef Claudiu Cucu, din cadrul Agenției Naționale Antidrog.

Ce nu știu consumatorii „ocazionali" este faptul că după consumul frecvent al unor doze mari de canabis, substanța poate produce o toleranță moderată. Adică persoana consumatoare are nevoie la un moment dat de doze mai mari de drog, pentru a ajunge la aceleași efecte pe care le avea folosind cantități mai mici. Ca și alcoolul, „iarba" nu creează dependență atunci când este consumată doar ocazional, în cantități mici, însă atunci când organismul consumatorului se obișnuiește cu drogul, acesta fiind administrat în cantități mari, pe o perioadă îndelungată, ajunge să aibă nevoie de mai mult.

DISPERAREA FAMILIEI DISTRUSE

Între experți se vorbește despre dependenții de droguri ca despre niște bolnavi de cancer: nu mai ai ce să le faci, până acum nu s-a vindecat nimeni, șansele de dezintoxicare sunt practic nule, pentru că dependentul se va întoarce la droguri mai devreme sau mai târziu, chiar și dacă acceptă la un moment dat un tratament. Polițiștii spun însă că nici măcar nu se poate vorbi despre drogați ca despre bolnavii de cancer, pentru că un dependent de stupefiante nu se distruge doar pe el însuși, ci și pe cei din jur.

Un dependent de droguri distruge cel puțin cinci persoane din jurul lui, dacă are părinți, soț sau soție și doi copii. Familia victimei este cea mai afectată. Urmează celelalte victime pe care dependentul de droguri le poate face, dacă devine „dealer". Poliţiştii spun că există cazuri disperate în care părinţii ajung la ei, rugându-i cu lacrimi în ochi să le aresteze copiii, măcar pentru o perioadă. „Ajuns câţiva ani în puşcărie, un drogat ar putea avea şanse să scape de dependenţă. Dar nici asta nu se poate garanta. Până acum nu se cunoaşte nici un caz", spun cei de la Antidrog, din cadrul Inspectoratului General al Poliţiei.

Închisoarea oricum nu poate fi cel mai bun mediu – sau remediu – pentru un „bolnav" dependent de stupefiante. Din acest motiv, alte familii se conformează. Tot din poveştile oamenilor legii aflăm cum unii părinţi îşi vând tot din casă, se împrumută, muncesc în plus, numai ca să le poată asigura celor dragi drogurile, ca să fie siguri că aceştia nu vor recurge la metode disperate pentru a le procura.

SPERANŢA, LA CAPĂTUL DRUMULUI

Există, însă, şi optimişti, printre cei care s-au ocupat mult timp de tratarea dependenţilor de droguri. Unul dintre ei este dr. Florin Ene, şeful Secţiei Psihiatrie XVII – toxicomanii (dezintoxicare), din cadrul Spitalului Clinic de Psihiatrie Prof. Dr. Al. Obregia din Bucureşti. Medicul spune că a văzut oameni vindecaţi, chiar şi printre consumatorii de heroină, că drumul către vindecare este foarte lung şi foarte anevoios, însă lumina de la capătul lui există.

„Cred că asta ţine şi de personalitatea omului care ajunge să consume substanţele respective, nu doar de substanţă. Profilul consumatorului nu se potriveşte cu cel medical clasic. Te poţi vindeca de o gripă, dar modelul dependenţei nu este acelaşi. Personalitatea intră în joc. Este de obicei un model care duce la abstinenţă, dar după multe cicluri de căderi şi ridicări", explică dr. Florin Ene. Acesta mai spune că tratamentul de dezintoxicare este doar o etapă preliminară după care nimeni nu poate spune că a scăpat.

„Trebuie să existe asistenţa omului la detox, apoi pe toate axele lui de viaţă, pe o perioadă foarte lungă. Sunt foarte mulţi factori care pot explica de ce unii se opresc şi alţii nu", mai spune specialistul. Tratamentele de dezintoxicare se pot face în mai multe clinici, prin diverse metode şi costă până la 10.000 de euro, în cazul celor rapide. Dar specialiştii atrag atenţia asupra nevoii de sprijin pe care îl au dependenţii de droguri care vor să se vindece, după etapa clinică de dezintoxicare. Pentru a renunţa definitiv la droguri, dependentul are nevoie de o voinţă foarte puternică, de un climat propice şi de oameni care să-l susţină permanent.

„DEALERII" şi „LEADERII"

Din experienţa poliţiştilor, a medicilor şi a psihologilor care se ocupă de problema dependenţei de droguri am aflat că principalul factor care poate duce la consum este mediul. Bine-înţeles, atunci când personalitatea individului este atât de bine conturată, iar voinţa lui atât de puternică, încât să poată spune „Nu!", indiferent cât de mare ar fi presiunea mediului asupra sa, alegerea este cea mai bună. Însă cei mai mulţi nu pot face asta, fie pentru că trebuie să-şi satisfacă pe moment curiozitatea, fie pentru că vor să fie acceptaţi în anumite grupuri, fie pentru că „e la modă".

Atunci când „dealerul" este şi „leader", când cel care a-duce droguri, mai mult sau mai puţin uşoare, într-un grup, felul în care acesta este perceput de membrii grupului contează mult pentru viitoarele victime. Cum să refuzi un „leader"? Cum să refuzi un „guru"? Cum să refuzi un individ atât de apreciat printre cei care fac parte din grupul căruia vrei să-i aparţii? În această capcană cad cei mai mulţi dintre adolescenţii care ajung mai întâi consumatori „de ocazie", apoi dependenţi, după o perioadă îndelungată de consum.

HEROINA DIN ŢIGARĂ

Riscul maxim, atunci când, din inconştienţă, se acceptă o ţigară „veselă" de la un necunoscut, este strecurarea altor substanţe în „iarbă". „Deja, dacă cineva fumează de două ori ţigări cu iarbă combinată cu heroină, nu mai are nici o şansă. Heroina provoacă şi dependenţă imediată, şi toleranţă. Victima nici nu apucă să-şi dea seama. Observatorii văd cum se porneşte de la o ţigară, a doua zi are deja nevoie de două, apoi ajunge la cinci pe zi, după care caută cu disperare altceva.

Ajunge la a consuma substanţa în stare pură şi deja senzaţia de bine este incredibilă. Când deja ajunge să se injecteze, este terminat. Atunci realizează câtă substanţă a risipit pe ţigări şi aşa ajunge la o bilă, două bile, trei bile...", povestesc poliţiştii care se confruntă de mult timp cu fenomenul. Viitorul consumatorilor de droguri are variante. Moartea este punctul terminus, spun atât medicii, cât şi autorităţile.

Până la moarte, drogatul suferă ca un bolnav incurabil, este respins de societate, îşi pierde orice posibilitate de încadrare în muncă, poate deveni infractor şi unii ajung până la crimă. Dependentul îi poate corupe şi contamina pe alţii, îşi poate ataca familia, atunci când pierde controlul.

BOALA

Specialiștii arată că, în afară de dependență și de toleran-ță, consumatorii de „droguri ușoare" sunt expuși problemelor de sănătate, celor sociale, legale, financiare și de comunicare cu ceilalți. Este primul pas către dependență, manifestându-se mai întâi fenomene moderate de sevraj. Acestea constau de cele mai multe ori în simptome asemănătoare gripei. Este foarte adevărat că foarte puțini consumatori de canabis devin dependenți de această substanță.

Atunci când victima se apropie de dependență, primele semne sunt în comportament: stări emoționale necontrolate sau dereglări mentale serioase, infestarea sângelui sau apariția unor infecții, accidente vasculare. În funcție de substanța folosită, pot apărea schimbări bruște de dispoziție, lipsa concentrării, scăderea inteligenței, pierderi de memorie, somnolență, apatie, lipsa poftei de mâncare, halucinații, delir.

COCAINA: S-A ÎNCHEIAT PERIOADA DE GLORIE?

În ultimii 10 ani, cocaina a devenit drogul stimulant cel mai consumat în Europa, deși majoritatea consumatorilor se găsesc într-un număr limitat de țări din Europa Occidentală. Aproximativ 14,5 milioane de europeni (cu vârste cuprinse între 15-64 de ani) au încercat cocaina în timpul vieții, aproximativ 4 milioane consumând drogul în ultimul an. Totuși, noile date prezentate astăzi ridică întrebarea dacă popularitatea cocainei nu a atins punctul maxim. Studiile recente privind consumul de cocaină indică anumite semnale pozitive în țările cele mai afectate. Danemarca, Spania, Italia și Regatul Unit – patru din cele cinci țări cu cele mai ridicate niveluri de consum – raportează un declin al consumului de cocaină în ultimul an în rândul adulților tineri (15-34 de ani), ceea ce reflectă tendința observată în Canada și Statele Unite.

Studiile recente specifice desfășurate în medii re-creaționale în unele țări au arătat, de asemenea, o scădere a consumului de cocaină. „Sarcina financiară asociată consumului regulat de cocaină face din acest drog o opțiune mai puțin atractivă în țările în care austeritatea este în prezent la ordinea zilei", se arată în rapoartele EUROPOL. Prețul mediu al cocainei la vânzarea cu amănuntul în majoritatea țărilor UE variază între 50 EUR și 80 EUR pentru un gram. „Imaginea pozitivă" a dro-gului ca parte a unui stil de viață înstărit este, de asemenea, pusă sub semnul întrebării de recunoașterea, în măsură din ce în ce mai mare, a problemelor asociate consumului de cocaină (de exemplu, numărul urgențelor înregistrate la nivelul spitalelor, cererea de tratament și cazurile de deces).

Aproximativ 17% dintre consumatorii de droguri care apelează la serviciile specializate de tratament raportează cocaina ca fiind principalul drog problematic. De asemenea, în fiecare an în Europa se raportează aproximativ 1000 de decese relaționate cu consumul de cocaină. Consumul de cocaină și consumul episodic abuziv de alcool (starea de beție) sunt de multe ori asociate. Studiile recente au arătat că peste jumătate dintre consumatorii dependenți de cocaină care urmează un tratament sunt, de asemenea, dependenți de alcool. Statele membre raportează în prezent răspunsuri îmbunătățite la tratament și experiențe pozitive în ceea ce privește tratamentul consumatorilor problematici de cocaină.

Numărul capturilor de cocaină continuă să crească în Europa (de la 56.000 în 2004 la aproximativ 99.000 de capturi în 2009), însă volumul capturat și puritatea drogului au scăzut considerabil în ultimii ani. Cantitatea totală de cocaină interceptată în Europa a atins o valoare de vârf în 2006 și de la acea dată s-a înjumătățit, la o cantitate estimată de circa 49 de tone în 2009. În timp ce rutele de trafic ale cocainei prin vestul Africii ar putea suferi un declin, există dovezi privind intensificarea activității în estul Europei.

CANABISUL: ANALIZA TENDINȚEI DESCENDENTE

În jur de 78 de milioane de europeni – unul din cinci adulți cu vârsta cuprinsă între 15 și 64 de ani – au consumat canabis cel puțin o dată în viață, aproximativ 22,5 milioane dintre aceștia consumând drogul în ultimul an. Aceasta face din canabis drogul ilegal care încă este cel mai frecvent consumat în Europa. Cele mai recente date raportate la nivel european confirmă însă tendința generală de stabilizare sau descendența în ceea ce privește consumul de canabis în rândul adulților tineri (15-34 de ani) menționată în Rapoartele anuale anterioare ale OEDT.

Sondajele realizate în rândul elevilor (15-16 ani) reflectă această diminuare (Comportamentul copiilor de vârstă școlara în ceea ce privește sănătatea/Sondaj HBSC 2006-2010). Scăderile în ceea ce privește fumatul de tutun pot avea o oarecare influență asupra tendințelor în materie de canabis în Europa, unde cele două substanțe sunt de obicei consumate împreună.

O comparație între cele doua sondaje ESPAD efectuate în școli (2003 și 2007) în 23 de țări din UE a arătat o reducere generală a fumatului de țigări în ultima lună (de la 33% la 28%) și a consumului de canabis (de la 9% la 7%). Alte explicații posibile includ stilul de viață, modă, înlocuirea cu alte droguri şi atitudinile actuale faţă de acest drog. Un sondaj recent Eurobarometru publicat de către Comisia Europeană în iulie 2011 a arătat faptul că 67% din tinerii respondenţi (15-24 de ani) considerau că un consum regulat de canabis reprezintă un „risc ridicat" pentru sănătate. Măsura în care modificările politicilor privind drogurile influenţează consumul de canabis este o întrebare care a dat naştere multor dezbateri. Datele prezentate în raport arată că nu există o asociere simplă între modificările recente ale legislaţiei în materie de trafic de droguri şi în nivelurile consumului de canabis.

Consumul regulat de canabis în Europa rămâne un motiv de îngrijorare: aproximativ 9 milioane de tineri europeni (cu vârste cuprinse între 15-34 de ani) au consumat canabis în ultima lună. Bărbaţii tineri par să fie expuşi celui mai mare risc de a deveni consumatori frecvenţi de canabis, un factor care poate fi abordat prin activităţi specifice de prevenire.

Apetitul Europei pentru canabis este reflectat de capturile anuale, de aproximativ 700 de tone din acest drog (aproximativ 600 de tone de răşină şi 100 de tone de plante). În ultimul deceniu, politicile europene privind canabisul au avut de prea multe ori tendinţa de a îndrepta eforturile în materie de aplicare a legii către traficanţi mai degrabă decât către consumatori. Cu toate acestea, infracţiunile legate de consumul de canabis continuă să crească, ceea ce sugerează o posibilă discrepanţă între politici şi practică.

La nivel mondial, producţia de opiu a fost analizată de către OEDC, iar pentru perioada eferentă anilor 1990-2014 a rezultat următoarea statistică, în care Afganistanul, cu toate problemele cauzate de desfășurarea războiului conduce detașat:

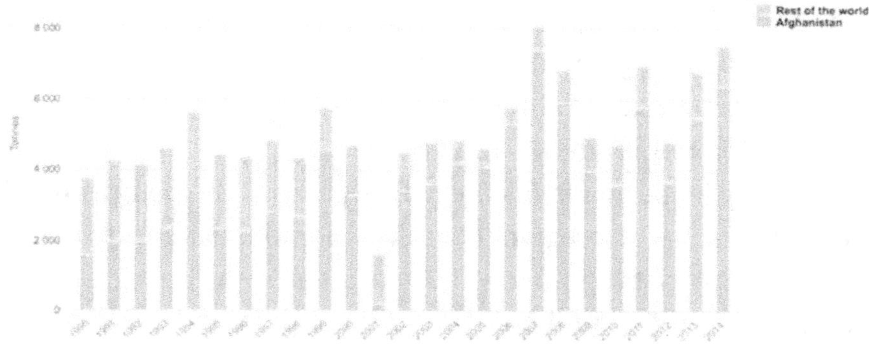

Drogurile sintetice – o piață din ce în ce mai complexă

Rapoartele anuale anterioare ale OEDT au arătat că furnizorii de „droguri legale" se mențin cu un pas înaintea controalelor, oferind cu rapiditate noi alternative la produsele interzise. Raportul prezentat astăzi relevă un joc similar „de-a șoarecele și pisica" în domeniul precursorilor, substanțelor chimice utilizate pentru fabricarea drogurilor ilegale.

Drogurile sintetice, inclusiv ecstasy (MDMA, MDEA și MDA) și amfetamina sunt fabricate ilegal în Europa din substanțe chimice și precursori importate. Raportul arată modul în care producătorii utilizează tehnici complexe pentru a eluda regulamentele menite să prevină deturnarea acestor precursori de droguri. Acestea include obținerea precursorilor prin sinteza din „pre-precursori" sau mascarea acestora ca fiind substanțe chimice nereglementate, care urmează să fie reconvertite după import.

Fluctuațiile recente de pe piața de ecstasy ilustrează acest fenomen. În urma măsurilor de succes de limitare a deturnării precursorului de ecstasy, PMK, în prezent se pare ca producătorii utilizează o gamă de pre-precursori, inclusiv safrol, ca material primar pentru MDMA. S-au capturat aproximativ 1 050 de litri de safrol și uleiuri bogate în safrol în 2009-2010, majoritatea în Lituania.

După o perioadă în care MDMA a lipsit din comprimatele de ecstasy, aspect prezentat în ultimele două Rapoarte anuale ale OEDT, există semnale că ar putea avea loc o revenire. Rapoarte recente arată o disponibilitate în creștere a MDMA — de exemplu, în Țările de Jos, statul asociat cel mai mult cu producția de ecstasy, fiind găsite comprimate cu o doză de substanță ridicată.

Aproximativ 11 milioane de europeni au consumat ecstasy pe parcursul vieții, 2,5 milioane doar în ultimul an. De asemenea, aproximativ 12,5 milioane de europeni (15-64 de ani) au consumat amfetamine pe parcursul vieții, aproximativ 2 milioane în ultimul an. Datele privind tendințele înregistrate în ultimii cinci ani arată că în rândul adulților tineri (15-34 de ani), consumul de ecstasy și amfetamine în ultimul an a fost în general stabil sau în scădere.

Europa rămâne cel mai mare producător de amfetamina din lume. Consumul și stocurile semnificative de metamfetamina în Europa se limitează în mod istoric la Republica Cehă și Slovacia. Totuși, astfel cum s-a prezentat în Rapoartele anuale anterioare, se pare că în prezent disponibilitatea acestei substanțe este în creștere în părți ale Europei de Nord (de exemplu: Norvegia, Suedia și Letonia), unde ar putea înlocui parțial amfetamina.

APARIȚIA RAPIDĂ DE DROGURI NOI ȘI CREȘTEREA INTERACȚIUNII ÎNTRE PIAȚA „DROGURILOR LEGALE" ȘI CEA A DROGURILOR ILEGALE

Apariția rapidă de substanțe psihoactive noi nereglementate (de obicei comercializate ca „droguri legale") reprezintă o provocare, atât în Europa, cât și la nivel internațional. În urma numărului record de 41 de droguri noi notificate de către OEDT și Europol în 2010 (comparativ cu 24 în 2009), datele preliminare pentru 2011 prezentate arată că nu există semne de declin. În anul 2011, 39 de substanțe noi au fost raportate prin intermediul Sistemului european de avertizare rapidă (EWS). Măsurile pentru identificarea noilor substanțe sunt din ce în ce mai proactive – peste 150 de substanțe sunt în prezent monitorizate prin intermediul EWS.

Cea mai recentă imagine generală realizată de către OEDT cu privire la comercianții online de droguri legale (valabilă pentru luna iulie 2011) identifică un număr record de 600 de magazine online despre care se presupunea că vând produse psihoactive și indică o largă varietate a ofertei de produse noi. De asemenea, mai multe site-uri păreau să avertizeze asupra restricțiilor de livrare sau declinării responsabilităților și să emită atenționări (de exemplu, în privința sănătății, de ordin juridic).

În prezent, se subliniază interacțiunea în creștere între piața „drogurilor legale" și cea a drogurilor ilegale. Substanțele psihoactive nereglementate (de exemplu: amestecurile de catinone, piperazine sau fenetilamine) pot fi prezentate sub forma comprimatelor de ecstasy și vândute pe piețele ilegale. În același timp, drogul recent reglementat, PMMA (para-Methoxy-N-methylamphetamine) a fost identificat în unele produse comercializate ca fiind „droguri legale". Mefedrona, un drog supus reglementarii în UE, pare să facă parte din ambele categorii, fiind vândută atât ca „drog legal" online cât şi, în unele ţări, prin intermediul aceloraşi reţele ilicite precum cele utilizate pentru droguri precum ecstasy şi cocaina.

Răspândirea rapidă a drogurilor noi determină statele membre să îşi regândească şi să îşi revizuiască reacţiile standard la problema drogurilor. În 2010, atât Irlanda, cât şi Polonia au adoptat rapid acte normative pentru limitarea comercializării libere a substanţelor psihoactive nereglementate în temeiul legislaţiei privind drogurile.

Alte ţări au răspuns prin actele normative existente privind protecţia sănătăţii sau medicamentele. Comisia Europeană analizează în prezent modul în care Europa monitorizează şi acţionează cu privire la substanţele noi, pentru a asigura că răspunsurile rămân actualizate şi adecvate scopului.

„Lumea în schimbare rapidă şi din ce în ce mai unită în care trăim este oglindită de o piaţă a drogurilor în schimbare rapidă şi din ce în ce mai unită care pare să se adapteze cu rapiditate atât ameninţărilor, cât şi oportunităţilor", comentează Wolfgang Götz. „Aceasta se reflectă nu doar în numărul propriu-zis de substanţe noi care apar pe piaţă, ci şi în diversitatea lor şi în modul în care sunt produse, distribuite şi comercializate".

Wolfgang Götz concluzionează: „Avem nevoie de o strategie proactivă prin care să putem identifica rapid drogurile noi şi tendinţele emergente, astfel încât să putem anticipa potenţialele implicaţii. De asemenea, trebuie să ne coordonăm răspunsurile pe întregul teritoriu al Europei deoarece, dacă nu facem acest lucru, eforturile naţionale individuale se vor dovedi probabil ineficace. Aceşti doi factori sunt esenţiali ca să ne putem menţine avantajul în această cursă rapidă „de-a şoarecele şi pisica".

4.1 Traficanţi

În general conducătorii reţelelor de traficanţi de droguri, atât cei care dispun livrarea mărfii, cât şi cei care sunt adevăraţii destinatari ai mărfii se află în afara teritoriului României, pe teritoriul ţării noastre fiind depistaţi (arestaţi) curierii şi însoţitorii mărfii, fapt pentru care nu s-a reuşit confiscarea sumelor rezultate din vânzări.

Dacă în urmă cu câţiva ani, marea majoritate a persoanelor implicate în traficul de droguri erau cetăţeni străini, iar românii constituiau o excepţie, începând cu anul 1994 numărul acestora a crescut de 3,5 ori.

În ordinea participării la comiterea infracţiunilor la regimul introducerii drogurilor, după cetăţenii români urmează cetăţenii turci şi arabi O categorie aparte o reprezintă cetăţenii români care au părăsit ţara în timpul regimului totalitar şi din diverse motive au căzut în plasa reţelelor de traficanţi de droguri. în prezent, aceştia revin în România, fie pentru a crea baze de sprijin pentru reţelele de traficanţi, sens în care recrutează persoane predispuse la astfel de activităţi, fie pentru spălarea banilor murdari rezultaţi din traficul ilegal de droguri, pozând în oameni de afaceri cu o situaţie financiară deosebită.

Cei mai cunoscuți traficanți de droguri sunt următorii:

Joaquín Guzmán Loera „El Chapo Guzmán" (n. 25 decembrie 1954 sau după unele surse 4 aprilie 1957)

Potrivit Departamentului Anti-Drog din SUA, Loera este cel mai mare traficant de droguri din istorie. Este bine cunoscut datorită tunelurilor sale sofisticate, unul dintre ele aflându-se în Douglas, Arizona care îl ajutau să transporte cocaină din Mexic în SUA la începutul anilor '90. În 1993 o încărcătură de 7,3 tone de cocaină ascunsă în mai multe borcane de ardei iuți și destinată Statelor Unite a fost capturată în Tecate, Baja California. În 1993 a reușit să scape la limită de o ambuscadă provocată de Cartelul Tijuana condus de Ramon Arellano Felix și asociații săi. Loera a fost capturat în Guatemala și încarcerat în 2001 într-o închisoare de maximă securitate numită Puente Grande, dar a reușit să evadeze plătind câțiva gardieni și ascunzându-se în mașina spălătoriei.

Pablo Escobar (n. 1 decembrie 1949 – d. 2 decembrie 1993)

Pablo Emilio Escobar Gaviria a fost un lord al drogurilor columbian. Numit de multe ori „cel mai mare infractor al lumii", Pablo Escobar este probabil cel mai evaziv traficant de droguri care a existat vreodată. Este privit ca fiind cel mai bogat infractor din istorie deoarece, în anul 1989, revista Forbes l-a declarat ca fiind al șaptelea bogat al lumii, cu o avere estimată la $25 miliarde. Colecția sa numara mai multe locuințe de lux și automobile, iar în anul 1986 a încercat să intre în politica din Columbia, oferindu-se chiar să plătească datoriile țării de $10 miliarde. Se spune că Pablo Escobar a ars într-o seară două milioane de dolari doar pentru a se încălzi în timpul unei călătorii mai lungi care l-a prins într-o seară mai răcoroasă. Din cauza acestei întâmplări și a altor câteva, Escobar este considerat o legendă în lumea infractorilor.

Rick Ross (n. 26 ianuarie 1960)

Rick Ross, cunoscut de asemenea sub numele de „Freeway" Ricky Ross, este un traficant de droguri condamnat și de asemenea cunoscut pentru imperiul drogurilor pe care acesta l-a condus în Los Angeles, la începutul anilor 1980. Porecla „Freeway" (Autostrada) i se trăgea de la numeroasele proprietăți pe care Ross le avea lângă autostrada Harbor. Pe locul unde era construită casa unde a copilărit, s-a construit între timp o autostradă. În timpul apogeului carierei sale de baron al drogurilor, Ross pretinde ca a făcut „2 milioane de dolari într-o zi". Potrivit Oakland Tribune, „În timpul apogeului carierei sale, procurorii estimează că Ross a transportat numeroase tone de cocaină în New York, Ohio, Pennsylvania și în alte locații și a făcut mai mult de 600 de milioane de dolari de pe urma acestora."

În 1996, Ross a fost condamnat la închisoare pe viața după ce a fost găsit vinovat într-un caz în care un agent federal sub acoperire a încercat să îi vândă mai mult de 100 kg de cocaină. Între timp pedeapsa lui Ross a fost redusă la 20 de ani. După această reducere, Ross a mai beneficiat de o reducere datorită bunei purtări și a fost transferat într-o casă sub supraveghere în martie 2009. A fost eliberat apoi pe data de 29 septembrie 2009.

Manuel Antonio Noriega Moreno (n. 11 februarie 1934)

Din 1950 până aproape de invazia SUA, Noriega a lucrat îndeaproape cu SUA şi anume cu Agenţia Centrală de Informaţii (CIA). Noriega a fost una dintre sursele de informaţii cele mai apreciate ale CIA, precum şi unul dintre conductele principale de arme ilegale, echipament militar şi de numerar destinate SUA – sprijinite de contrainsurgenţă şi anume forţele din întreaga America Centrală şi America de Sud. Noriega a fost, de asemenea, un important traficant de cocaină, informaţii de care agenţiile de informaţii americane au fost conştiente de ani de zile, dar acestea au permis acest lucru din cauza utilităţii lui pentru operaţiunile lor sub acoperire militară din America Latină.

În 1988, Noriega a fost pus sub acuzare pentru trafic de droguri în Miami şi Florida, iar în scurt timp după aceasta, în 1989 SUA invadează Panama, Noriega fiind înlăturat de la putere, capturat, reţinut ca prizonier de război şi transportat cu avionul în Statele Unite. Noriega a fost judecat în aprilie 1992 pentru opt capete de acuzare de trafic de droguri, înşelătorie şi spălare de bani. La 16 septembrie 1992 el a fost condamnat la 40 de ani de închisoare (care ulterior au fost reduşi la 30 de ani).

Pedeapsa cu închisoarea în SUA pentru Noriega s-a încheiat în septembrie 2007. Panama şi Franţa au introdus cereri de extrădare, pentru condamnări în lipsă, pentru crimă în 1995 şi spălare de bani în 1999. A fost aprobată cererea Franţei de extrădare în aprilie 2010. El a sosit la Paris la 27 aprilie 2010 şi după reluarea unui proces (aceasta fiind o condiţie a extrădării) el a fost găsit vinovat şi condamnat la şapte ani de închisoare în iulie 2010. A fost liberat condiţionat la 23 septembrie 2011, Noriega urmând să fie extrădat în Panama pentru a fi încarcerat pentru 20 de ani. El s-a întors în Panama în data de 11 decembrie 2011.

William Leonard Pickard (n. 21 octombrie 1945)

Din 1988 până la arestarea sa în 2000, William Leonard Pickard a servit drept cel mai mare producător de LSD din lume. La data capturării sale se estima că organizaţia lui Pickard era responsabilă de producerea a mai bine de 10 milioane de doze de LSD pe lună cu o valoare estimată la 40 de milioane de dolari. Oficialii Statelor Unite au declarat că s-a observat o scădere cu 90% a traficului cu LSD la nivel mondial după arestarea sa.

Amado Carrillo Fuentes (n. 17 decembrie 1956 – d. 3 iulie 1997)

În momentul în care era desemnat cel mai mare traficant de droguri din Mexic, Carrillo transporta de patru ori mai multă cocaină în Statele Unite decât oricare alt traficant din lume, consolidându-şi o avere de peste 25 miliarde $. Era supranumit El Señor de los Cielos („Stăpânul Cerurilor") pentru că a utilizat peste 22 de avioane private Boeing 727 pentru a transporta cocaina din Columbia în diferite aeroporturi municipale din Mexic, incluzând Juarez. Cu câteva luni înainte de decesul său, Administraţia Anti-Drog a Statelor Unite l-a descris pe Carrillo ca fiind cel mai puternic traficant de droguri al erei sale şi mulţi analişti declarau că a făcut mai mult de 25 miliarde $, ajungând astfel unul dintre cei mai bogaţi oameni ai planetei. Carrillo a murit în 1997 în timpul unei operaţii de chirurgie plastică eşuate prin care dorea să îşi schimbe înfăţişarea şi să scape de agenţiile anti-drog. Se crede că a murit din cauza unui medicament care i-a provocat o insuficienţă sau din cauza unei doze prea mari administrate intenţionat. Cadavrele celor doi medici care au efectuat operaţia la un Spital din Mexic au fost găsite câteva luni mai târziu în nişte cazane acoperite cu ciment. Cadavrele conţineau urme de tortură.

Ramon Arellano Felix (n. 31 august 1964 – d. 10 februarie 2002)

Ramon a fost un traficant de droguri mexican pe care autorităţile l-au legat de cartelul drogurilor Tijuana (cunoscut şi sub numele de Organizaţia Arellano – Felix). La 188 cm şi 100 kg, Arellano Felix era cunoscut ca fiind unul dintre cei mai nemiloşi membrii ai cartelului şi suspectat în numeroase cazuri de crimă. A fost suspectat de poliţia din Mexic în cazul unui masacru din 1997 a 12 membrii dintr-o familie de lângă Ensenada, Baja California. Familia se crede ca a avut legături cu un traficant de droguri care a avut nişte datorii faţă de cartelul lui Arellano Felix. Pe data de 18 septembrie 1997 Ramon Arellano Felix a fost a 451-a persoana plasată pe lista celor mai căutaţi 10 infractori. După această plasare a fost condamnat în Statele Unite pentru trafic de cocaină şi marijuana.

Ismael Zambada Garcia (n. 1 ianuarie 1948)

Zambada este un nume greu în istoria traficanţilor, devenind cel mai căutat traficant din Mexic şi este de aşteptat ca FBI să îl adauge în lista sa de cei mai căutaţi 10 infractori. De asemenea, Agenţia Anti-Drog din Statele Unite este aproape de al plasa pe Zambada în lista lor de cei mai căutaţi 10 traficanţi deoarece este de multe ori numit „traficantul numărul 1". Acesta a devenit mult mai puternic în ultima vreme datorită concurenţilor săi care au decedat, dintre care unul se crede că a fost omorât la ordinele sale.

Klaas Bruinsma (n. 6 octombrie 1953 – d. 27 iunie 1991)

Klaas Bruinsma a fost un lord al drogurilor olandez, împuscat mortal de un membru al mafiei şi un fost membru al poliţiei, Martin Hoogland. A fost numit „De Lange" („Înaltul") sau „De Dominee" („Predicatorul") din cauza îmbrăcăminţii sale închise la culoare şi obiceiului de a îi instrui pe ceilalţi.

Arturo Beltran Leyva (27 septembrie 1961- – 16 decembrie 2009)

Marcos Arturo Beltran Leyva a fost liderul organizaţiei de trafic cu droguri mexicane, cartelul Beltran-Leyva, care este în prezent este condusă de către fraţii săi: Marcos Arturo, Carlos, Alfredo şi Hector. Cartelul este responsabil de traficul şi producţia de cocaină, marijuana, heroină şi amfetamine. Cartelul controlează numeroase rute de trafic în Statele Unite şi este, de asemenea, cunoscut pentru spălare de bani, cămătărie, răpire, tortură, crimă organizată. Organizația este responsabilă de numeroase asasinate împotriva unor oficiali mexicani.

Frank Lucas (n. 9 septembrie 1930)

Frank Lucas este un fost traficant de heroină și un șef al crimei organizate care a activat în Harlem, New York la sfârșitul anilor '60 și la începutul anilor '70. Este cunoscut pentru faptul că nu folosea alți oameni pentru a își procura drogurile, ci cumpăra heroina direct de la sursa sa din Golden Triangle. Lucas a declarat că a folosit la transportarea heroinei sicriele militarilor americani decedați, dar aceasta declarație a fost infirmată de asociatul său din Asia de Sud, Leslie „Ike" Atkinson. Cariera sa a fost ilustrată in filmul „American Gangster" (2007).

Leroy Nicholas Barnes (n. 15 octombrie 1933)

Leroy Nicholas „Nicky" Barnes este un fost lord al drogurilor și șef al crimei organizate care a condus cunoscuta bandă afro-americană The Council, care controla traficul de heroină în Harlem, New York în timpul anilor '70. În 2007 a scos o carte intitulată „Mr. Untouchable" („Domnul de neatins"), scrisă de Tom Folsom ocazie cu care s-a lansat și un documentar despre viața sa intitulat la fel. În filmul apărut în 2007, American Gangster, Barnes este interpretat de către Cuba Gooding Jr.

Zhenly Ye Gon (n. 31 ianuarie 1963)

Zhenly Ye Gon este un om de afaceri mexican de origini chineze, acuzat de trafic de pseudoefedrină din Asia în Mexic şi la momentul arestării în locuinţa sa s-au găsit 207 milioane de dolari în bani gheaţă alături de 18 milioane de pesos. El este proprietarul şi reprezentantul legal al Unimed Pharm Chem México, precum şi a altor diverse corporaţii mexicane. Din 2002-2004, Unimedia a fost autorizat în mod legal de către guvernul mexican pentru a importa mii de tone de pseudoefedrină şi efedrină în Mexic, ca o parte a activităţii sale import vast. Efedrina şi pseudoefedrina produse la acea dată au fost utilizate pe scară largă în medicamente care combat stările de frig, cum ar fi Sudafed, dar ar putea fi de asemenea utilizate de către producătorii de metamfetamină. Auditurile efectuate de oficialii mexicani între 2002-2006 la Unimed nu a arătat nereguli, cum ar fi deturnarea necorespunzătoare a unor astfel de produse chimice. Cu toate acestea, după ce licenţa Unimedia de a importa efedrina şi pseudoefedrina s-a încheiat la 1 iulie 2005, s-a afirmat faptul că domnul Ye Gon şi anumiţi angajaţi au încălcat legea continuând să importe patru containere neautorizate de pseudoefedrină sau efedrină, substanţe chimice precursoare în Mexic, de la sfârşitul anului 2005 şi până în anul 2006. Numai în 4 din cele 291 de transporturi importate de către Unimed (din Canada, China, Anglia, Germania, Israel, Hong Kong şi Statele Unite ale Americii) în Mexic au fost considerate ca fiind îndoielnice din punct de vedere legal. În iulie 2007, guvernul SUA a depus o plângere acuzând faptul că importul acestor patru transporturi în Mexic a fost parte dintr-o conspiraţie destinată pentru a ajuta şi aţâţa importul de metamfetamina în Statele Unite. Doi ani mai târziu, cazul a fost respins de Judecătoria din Statele Unite pentru Districtul Columbia, în luna august 2009.

El a fost arestat fără incidente la un restaurant din Wheaton, Maryland SUA pe 24 iulie 2007.

Christopher „Dudus" Coke (n. 13 martie 1969)

Michael Christopher Coke cunoscut de asemenea şi sub numele de Dudus, este un baron de droguri jamaican şi liderul bandei Shower Posse, reuşind să îşi facă o avere de peste 30 miliarde $. Este cel mai tânăr fiu al lordului drogurilor Lester Lloyd Coke a cărui extrădare în 1992 nu a mai avut loc deoarece acesta a decedat într-o închisoare din Jamaica. Până când cel mai tânăr din familia Coke a fost predat autorităţilor din Statele Unite pe 24 iunie 2010, „Dudus" a fost liderul găştii Tivoli Gardens din oraşul Kingston, Jamaica. Până în momentul arestării sale în 2010, autorităţile nu au reuşit să intre în cartier fără acordul localnicilor. Fiul unui traficant de droguri de succes, Coke a crescut într-o familie înstărită şi a mers la şcoli cu copiii politicienilor. A preluat banda după ce tatăl său a decedat şi a devenit un lider al Tivoli Gardens distribuind bani celor săraci din cartier, creând locuri de muncă şi centre de ajutor.

În 2009, Statele Unite au cerut extrădarea sa, iar în mai 2010 guvernul Jamaicăi, vizibil recalcitrant a emis un mandat. În aceeaşi lună, guvernul a luat măsuri pentru arestarea acestuia. În timpul bătăliei pentru capturarea lui Coke mai mult de 70 de poliţişti şi civili au murit într-un raid de pe data de 24 mai 2010 în cartierul Kingston unde acesta se afla. A fost preluat de către autoritățile americane la un punct de frontieră jamaican pe data de 22 iunie 2010.

Demetrius Edward Flenory (n. 21 iunie 1968)

Unul dintre co-fondatorii „Black Mafia Family", acest traficant de droguri bazat în Detroit s-a ocupat cu distribuirea de cocaină pe întreg teritoriul Statelor Unite din 1990 până în 2005. La apogeul carierei sale, a devenit cel mai bine plătit baron de droguri de culoare din istoria Statelor Unite.

4.2 Carteluri ale drogurilor

În perioada anilor '80, cartelurile drogurilor care operau pe teritoriul Americii de Sud au devenit cei mai mari furnizori de narcotice, și mai ales de cocaină, din lume. Înălțarea cartelurilor a propulsat traficul de droguri la cote alarmante pe mapamond și a dus la precipitarea de mari dispute politice între Statele Unite ale Americii și țări sud-americane precum Columbia, Bolivia și Peru. Cartelurile sud-americane își au originile la sfârșitul anilor '60 și începutul anilor '70, atunci când Columbia a devenit căminul unora dintre cele mai violente și mai sofisticate organizații traficante de droguri.

Ceea ce a început ca o contrabandă măruntă de cocaină a înflorit în ultimii treizeci de ani într-un imperiu multinațional al drogului. Traficanții de astăzi au suficient capital sub control încât să construiască echipamente sofisticate de contrabandă și laboratoare ultradotate, să își achiziționeze insule sau submarine dotate cu tehnologie de ultimă ora, de tipul celui descoperit de autorităţile columbiene în urmă cu câţiva ani. Traficantii columbieni de cocaină au angajat ingineri experţi din Rusia şi din SUA pentru a contribui la proiectarea submarinului care se pare că a servit la transportarea în secret a mari cantităţi de cocaină în Statele Unite.

Începuturile

Totuşi, ţelurile traficanţilor au fost mult mai modeste la începuturi. La mijlocul anilor '70, traficanţii de marijuana din America de Sud au început să exporte în SUA mici cantităţi de cocaină ascunse în serviete. Pe atunci, drogul putea fi procesat contra sumei de 1.500 dolari / kilogram în laboratoare ascunse în junglă şi putea fi vândut pe străzile din America chiar şi cu 50.000 dolari / kilogramul. La un asemenea profit, nu este greu de justificat dezvoltarea explozivă a afacerilor. Cifrele impresionante au atras în afacerea cocainei un amestec interesant de personaje. Jose Gonzalo Rodriguez Gacha, care avea rădăcini în comerţul oarecum întunecos al smaraldelor din Columbia, fraţii Ochoa, care proveneau dintr-o respectabilă familie posesoare de ferme şi herghelii şi violentul lider Pablo Escobar, un tâlhar de stradă care gândise afacerea criminală ce urma a fi cunoscută sub denumirea de Cartelul Medellin, sunt unele dintre cele mai prolifice nume din frivola lume a cartelurilor sud-americane.

Cartelul din Medellin

Cartelul Medellin a fost o reţea organizată de contrabandişti şi furnizori de droguri, originară din oraşul columbian Medellin. Cartelul a operat în Columbia, Bolivia, Peru, America Centrală şi Statele Unite, dar şi în Canada şi chiar pe teritoriul Europei în perioada anilor '70-'80. A fost înfiinţat şi condus de

Pablo Escobar împreună cu fraţii Ochoa (Jorge Luis, Juan David şi Fabio). În timpul perioadei sale de aur, cartelul încasa zilnic mai mult de 60 milioane dolari. Suma totală de bani produşi de Medellin s-a ridicat la zeci de miliarde şi, posibil, chiar la sute de miliarde de dolari pe perioada întregii sale existenţe, conform unor estimări.

Cartelul Medellin a dispus de grupări formate în special din americani, canadieni şi europeni, organizate pentru singurul rol de a transporta încărcături de cocaină destinate SUA, Europa şi Canada. Multe grupuri au fost depistate de către agenţii federali şi informatori. Odată ce autorităţile deveneau conştiente de „activităţile dubioase" ale unui grup, acesta era imediat pus sub supravegherea Forţelor Federale de Luptă contra Narcoticelor. Se strângeau dovezi care erau prezentate Înaltei Curţi, rezultând capete de acuzare, reţinere şi sentinţe, pentru cei condamnaţi. Totuşi, numărul liderilor cartelurilor sud-americane luaţi în custodie ca rezultat al acestor operaţiuni a fost foarte mic. Mai ales ne-columbieni, colaboratori ai cartelurilor, erau „fructe" ale operaţiunilor. Cei mai mulţi columbieni luaţi în cătare, la fel ca şi cei citaţi la tribunale, trăiau şi stăteau în Columbia sau îşi luau zborul înainte ca acuzaţiile să se transforme în arestări. Totuşi, înainte de 1993, cei mai mulţi, dacă nu chiar toţi fugarii din carteluri au fost întemniţaţi sau vânaţi şi împuşcaţi de către Poliţia Naţională Columbiană, antrenată şi asistată de către unităţi ale Delta Force şi ale CIA.

Groaza extrădării

Poate cea mai mare ameninţare pentru cartelurile columbiene şi pentru toţi traficanţii din America Latină a fost adoptarea unui tratat de extrădare între Statele Unite şi Columbia. Acest acord i-a permis statului sud-american să extrădeze în SUA orice cetățean suspectat de trafic cu droguri și să îi inițieze acolo un proces pentru crimele sale. Aceasta a fost o problemă majoră pentru carteluri deoarece traficanții de droguri aveau brusc un acces foarte limitat la puterea lor locală și la influență în SUA, iar un proces acolo, unde judecătorii nu erau cumpărați, ar fi condus cel mai probabil la închisoare. Printre susținătorii fervenți ai tratatului de extrădare s-au numărat ministrul columbian al justiției Rodrigo Lara Bonilla, ofițerul de poliție Jaime Ramirez și numeroși judecători ai Curții Supreme. Totuși, cartelurile au început să se zvârcolească în prinsoare și au început să exercite presiuni dure asupra acestor susținători împotriva cauzei lor. Atunci când atacurile împotriva poliției au început să producă pierderi majore în rândul autorităților, reacția acestora din urma i-a forțat chiar pe unii dintre cei mai importanți lorzi ai drogurilor să părăsească Columbia și să comande de la distanță membrilor eliminarea susținătorilor – cheie ai tratatului de extrădare.

Cartelurile au emis chiar și amenințări cu moartea asupra judecătorilor Curții Supreme, cerându-le să renunțe la tratat. Amenințările au fost ignorate. Puțin mai târziu, 35 de membri ai grupului de guerilă M-19 înarmați masiv au asaltat clădirea Curții Supreme, conducând la asedierea Palatului Justiției în noiembrie 1985. Armata și poliția au încercat să salveze ostatecii, dar operațiunea s-a sfârșit tragic, mulți dintre aceștia fiind uciși în schimburile de focuri. Unii au pretins că în spatele atentatului se aflau chiar cartelurile, care încercau să intimideze Curtea Supremă. Această problema a continuat să fie dezbătută mulți ani în Columbia. La 18 august 1989, cartelul Medellin l-a ucis pe candidatul la președinție Luis Carlos Galan și a declarat

„război total şi absolut" împotriva guvernului columbian, căutând să oprească eventuala extrădare a membrilor săi. Strategia a constat în terorizarea populaţiei civile şi încolţirea guvernului. Cartelul a condus sute de atacuri teroriste împotriva ţintelor civile şi guvernamentale. Ca măsură de intimidare, cartelul a coordonat mai multe asasinate în toată ţara. Escobar şi asociaţii săi au arătat foarte clar faptul că oricine va sta împotriva lor va fi ucis împreună cu întreaga sa familie. Se estimează faptul că aproximativ 3.500 de oameni au fost ucişi în perioada de asasinate a cartelului Medellin, număr ce include peste 500 de ofiţeri de poliţie.

Cutremur

Violenţele exercitate în numele cartelului au condus la luarea sa directă în cătare, nu numai de competiţie, Cartelul Cali, cât şi de propriile „influenţe întunecoase", care au dus la înflorirea iniţială a imperiului mafiot. Oficialii guvernamentali şi militari corupţi care se aflau cândva pe statele de plată ale Medellin-ului au fost influenţaţi (din interiorul şi din afara Columbiei) spre susţinerea ridicării Cartelului Cali şi a prăbuşirii Cartelului Medellin la sfârşitul anilor '80, culminând cu asasinarea lui Pablo Escobar în 1993. Mulţi membri ai Cartelului, inclusiv Escobar, au fost vânaţi şi ucişi de Poliţia Naţională Columbiană. Odată ce majoritatea membrilor au fost ucişi sau întemniţaţi, Cartelul Medellin, cândva cel mai puternic şi mai temut din întreaga lume, a dispărut.

Parte din prăbuşirea cartelului Medellin s-a datorat principalilor săi rivali din oraşul columbian Cali, fraţii Rodriguez Orejuela şi Santacruz Londono. Cei din Cali erau mai subtili şi mai puţin „zgomotoşi" decât omologii lor din Medellin.

Ei şi-au coordonat contrabanda ca pe o afacere sofisticată, reinvestindu-şi în linişte profiturile în afaceri legitime, pe care le-au dus apoi pe culmile succesului. Cartelul Cali a început să atace cartelul Medellin – şi mai ales pe Pablo Escobar – pe măsura ce rivalitatea lor a devenit mai violentă. Au format în cele din urmă chiar organizaţia criminală PEPES (Oamenii Împotriva lui Pablo Escobar), care îi vâna în special casele acestuia, afacerile şi locotenenţii. Cartelul Cali a început, de asemenea, să alimenteze poliţia columbiană şi parchetul cu informaţii privitoare la acţiunile şi la depozitele lui Pablo Escobar. Până în 1993, Escobar rămăsese singur şi fugar pentru viaţa lui atunci când poliţia din Columbia a reuşit să îi dea de urmă.

Cartelul din Cali

Cartelul Cali este, probabil, cel mai controversat şi discutat sindicat al drogurilor din timpurile recente, cu sediul în oraşul Cali din Columbia şi cel mai mare cartel al cocainei din întreaga lume. Acest cartel este responsabil pentru mai mult de 60% din cantitatea totală de cocaină introdusă în America. Atunci când drogurile nu sunt transportate pe calea aerului sau cu barca în SUA, ele sunt trecute pe la graniţa cu Mexicul. Unii cred că este mai uşor să transfere drogurile la sol decât să rişte un transport aerian sau maritim. Cartelul Cali este implicat în industria drogurilor pe tot parcursul acesteia şi în tot ceea ce ea implică. Cocaina este extrasă din planta de coca. Cartelurile cresc sau cumpără această plantă de la crescătorii locali din Peru, Bolivia, Ecuador şi Columbia astfel încât să o poată rafina mai târziu în foarte puternicul drog numit „cocaină".

Cartelul Cali a adoptat tehnicile grupărilor teroriste prin separarea în celule, fiecare dintre acestea ştiind foarte puţine despre celelalte piese din angrenaj. Au angajat înadins avocaţi renumiţi pentru a putea studia mişcările parchetului şi ale procurorilor din SUA. Au început să folosească tehnologia ca pe un instrument comun în afacerea lor, angajând şi antrenând ingineri de top pentru a le proiecta echipamente de comunicaţii care să nu poată fi interceptate. Şi afacerea lor a înflorit şi a prosperat. Atunci când consumul de cocaina din SUA a început să scadă, cartelurile sud-americane au început să transporte din ce în ce mai multă în Europa şi în Asia. Se crede despre liderii lor că posedă domenii uriaşe în Columbia şi zeci de afaceri legitime de mare succes. Liderii cartelului Cali au fost afacerişti inteligenţi şi au investit masiv în protecţia politică. În ultimii zece ani, atât fostul preşedinte columbian Ernesto Samper cât şi sute de congresmeni şi senatori au fost acuzaţi că au acceptat finanţarea campaniilor lor electorale de către fraţii Rodriguez Orejuala. Unii dintre liderii Cali au fost în cele din urmă prinşi. Au fost arestaţi la jumătatea anilor '90 şi îşi execută în prezent sentinţele de zece până la 15 ani de închisoare. Mulţi experţi sunt de părere că aceştia chiar au stabilit un aranjament cu guvernul columbian să nu îi extrădeze în puşcăriile din Statele Unite. Agenţii Parchetului cred că aceştia îşi conduc în continuare imperiul din celulele lor personale.

Astăzi

Locotenenţii mai tineri ai acestor lideri au început însă să realizeze că marile organizaţii au devenit mai vulnerabile la atacurile autorităţilor americane şi columbiene. Au format, ca atare, grupuri mai mici şi mai uşor de controlat şi au început să-şi compartimenteze responsabilităţile. Un grup doar făcea contrabandă cu droguri din Columbia în Mexic. Alt grup controla laboratoarele din junglă. Altul se preocupa de transportarea frunzelor de coca din câmpuri în laboratoare. Sunt cunoscute legături clare între grupurile columbiene de gherilă marxistă şi comerţul de cocaină. Gherilele protejează câmpurile şi laboratoarele din Columbia în schimbul unor taxe mari pe care traficanţii le achită faţă de organizaţie. În schimb, grupările paramilitare columbiene de aripă dreapta sunt de asemenea bănuite că ar controla câmpurile, laboratoarele şi unele dintre rutele de contrabandă. Situaţia a fost dezastruoasă pentru Columbia – ambele părţi ale unui război civil în plină desfăşurare reuşind să facă profituri uriaşe de pe urma industriei de droguri, care au fost apoi transformate în armament pentru şi mai multe lupte.

Parchetul şi poliţia din Columbia cred că există în prezent mai mult de 300 de organizaţii active care fac trafic şi contrabandă pe teritoriul statului sud-american. Cocaina este transportată către fiecare naţiune industrializată a lumii, iar profiturile se menţin încă extrem de ridicate.

Mafia Chineză – Legea lui Trei (Triadele chinezeşti)

Conceptul de mafie chinezească s-a întipărit în ultimii ani în mentalitatea românilor ca fiind ceva profund negativ şi periculos, concretizat uneori prin înghesuirea de chinezi în geamantane şi genţi de voiaj. Adevărul este cu totul altul. Imperiul galben de furie al infracţionalităţii chinezeşti se laudă cu o vechime de sute de ani, presăraţi cu puternice izbucniri de patriotism şi exacerbare a mândriei naţionale. Dincolo de hotarele primilor împăraţi, există netulburat de nimeni şi nimic un univers subteran care se poate lăuda printre altele cu „titlul" de cea mai numeroasă organizaţie criminală din lume. Astăzi puterea lor este mai mare decât oricând, milioanele de furnici fanatice luptând în linişte pentru supunerea întregii lumi sub Legea lui Trei.

Cu siguranţă, foarte puţini oameni au s-au gândit vreodată că ilustrul şi celebrul templu Shaolin ar fi putut da naştere (în mod indirect, desigur) uneia dintre cele mai mari organizaţii mafiote din lume. Adevărul este că primii fondatori ai Triadelor nu erau nimic altceva decât călugări luptători exilaţi şi vânaţi de către autorităţile imperiale după momentul dramatic al incendierii faimosului Templu Shaolin. Fenomenul mafiei chinezeşti poate fi înţeles numai prin prisma examinării bagajului cultural, al ezoterismului marţial şi chiar al unui patriotism exclusivist dus la extrem de adepţii numeroaselor organizaţii criminale chinezeşti care se reunesc sub titulatura generală de Mafie Chineză.

Termenul în sine, face referire la aşa numitele Triade, organizaţii cunoscute de chinezi prin termenul de „San He Hui". Denumirea are rezonanţe în daoismul milenar având o conotaţie foarte elegantă. Tradusă mot-a-mot semnifică „Cele Trei Societăţi Armonioase", concept ezoteric străvechi care face trimitere la armonia şi unitatea primordială dintre Cer, Pământ şi Om. Numele de Triade, sub care sunt cunoscute astăzi în toată lumea, le-a fost dat de către autorităţile britanice din Hong Kong pe baza simbolisticii chinezeşti care conţinea imaginea unui triunghi înconjurat de paloşe sau de Guan Yu, zeul chinez al loialităţii. Ceea ce a sfârşit astăzi într-o organizaţie atotputernică, capabilă de acte de o cruzime inimaginabilă pentru un non-asiatic şi stăpână peste crima organizată din jumătate de Asie, a avut la început o misiune exclusiv patriotist-haiducească, prin care se angaja să apere etnicii chinezi de atacurile şi abuzurile dinastiei străine Qing, de sorginte manciuriană.

Noi facem de toate. Şi încă la un preţ mic!

Împrăştiaţi în lumea întreagă, membrii triadelor au început să domine universul infracţional internaţional, ajungând în prezent să-şi împartă lumea doar cu durii reprezentanţi ai mafiei ruse, singurii care au reuşit să opună o rezistenţă serioasă în faţa invaziei de criminali venită din Asia. Astăzi îşi organizează şi conduc activităţile din China continentală, Taiwan, Hong Kong, Singapore, Macao, Malaezia. Practic, deţin controlul asupra întregii lumi interlope transfrontaliere din Asia de Sud. În ţările occidentale şi-au făcut apariţia odată cu dezvoltarea aşa-ziselor Oraşe Chinezeşti, zone rezidenţiale populate de imigranţi chinezi, care înfloresc în oraşe precum Los Angeles, Londra, San Francisco, New York, precum şi în toate capitalele europene sau în oraşele importante din restul lumii.

Domeniile lor de activitate includ orice faptă care i-ar face astăzi pe cei cinci maeştri Shaolin fondatori să pălească de ruşine. Trafic de droguri, asasinate la comandă, furt de maşini luxoase, spălare de bani, prostituţie, jocuri de noroc, trafic de carne vie, orice formă de jaf şi furt, falsificare de bani, comercializare de tutun şi băuturi alcoolice de contrabandă, vânzarea de haine de marcă, ţigări, DVD-uri, CD-uri, produse electronice, softuri de computer, toate contrafăcute. Nici măcar bietele animale şi plante nu au scăpat, triadele fiind implicate puternic şi în traficul cu animale rare. Conform datelor remise publicităţii de Interpol, triadele fac cei mai mulţi bani de pe urma activităţilor ilicite din lumea IT. După ce că deţin jumătate din toate site-urile de video-chat porno din lume, triadele sunt lideri mondiali în ceea ce priveşte pirateria de pe Internet. În brigăzile lor lucrează astăzi cei mai dibaci şi dedicaţi hackeri.

Viitorul – între ritualuri şi tehnologizare

Astăzi triadele îşi întăresc puterea prin numărul imens de membri care îl depăşeşte pe cel al tuturor mafiilor mondiale luate la un loc. Duşmanii lor tradiţionali, japonezii din Yakuza, au început să joace un rol secund pe scena interlopă din Asia. Într-un interviu acordat unui jurnalist chinez independent, un lider al triadelor aflat sub protecţia anonimatului declara nonşalant că:

„Astăzi Yakuza trăieşte din mila noastră. Numai faptul că ne virează sume imense de bani, ne opreşte să-i zdrobim cu totul. Noi nu am uitat nici de atrocităţile pe care japonezii le-au comis de-a lungul istoriei în China, nici faptul că sunt duşmanii noştrii dintotdeauna. Astăzi am crescut în forţă şi putere datorită sfaturilor şi principiilor înţelepte rămase de la strămoşii noştri. Yakuza poate strânge doar câteva mii de luptători. Noi, în schimb avem câteva milioane. Forţa strămoşilor ne susţine. Japonezii sunt umiliţi şi ne plătesc tribut, nici nu îndrăznesc să întârzie cu plata. I-am putea zdrobi oricum. Dar este mai plăcut să-ţi umileşti duşmanul, decât să-l ucizi dintr-o dată", încheie mândru, liderul triadei.

Puterea lor stă şi în încărcătura ezoterica a ritualurilor şi iniţierilor infestate cu practici magico-religioase a căror semnificaţie a rămas secretă până în zilele noastre. Toate aceste atribute par a duce la gândul că mafia viitorului nu va avea decât o singura culoare. Galbenă.

Yakuza

Yakuza este cuvântul japonez care descrie membrii organizaţiilor mafiote japoneze.

La fel ca în multe alte state ale lumii, şi impunătoarea societate japoneză se confruntă cu existenţa mafiei. Ceea ce poartă numele de „yakuza", manifestarea acestui fenomen, oarecum similară cu bine-cunoscuta „Cosa Nostra", reprezintă însă un teritoriu mult mai profund, având reminiscenţe din cultura şi mentalitatea niponă timpurie şi strânse legături cu codul Bushido.

Nu se cunoaşte o origine exactă a organizaţiilor criminale japoneze deoarece acestea s-au dezvoltat în general din mai mulţi constituenţi ai societăţii tradiţionale. Una dintre teoriile care încearcă să explice originile grupărilor de acest fel trimite la nişte personaje marcante din îndepărtatul secol XVI, şi anume la foştii samurai rămaşi fără stăpân, numiţi „rônin".

Yakuza este un grup social ca oricare altul, făcând parte din cel mai jos strat a societăţii. Codul membrilor nu se bazează pe nimic altceva decât pe valorile respectate în vremurile apuse de către nobilii samurai. Aceeaşi mentalitate tipic japoneză şi aceeaşi viziune asupra relaţiilor interumane interacţionează cu scopuri josnice şi cu mârşăvii. Un membru yakuza, asemeni unui samurai, nu trebuie să dea greş în faţa stăpânului său sau să îl desconsidere, indiferent de situaţia în care se află. Valorile parcurse însă nu se limitează în a invada doar aceste două tipuri de grupuri, ci se resimt în gândirea întregii populaţii japoneze tradiţionale şi chiar moderne.

În ceea ce priveşte bine-cunoscutul obicei al membrilor yakuza de a-şi tatua corpul, şi acesta este tot o reminiscenţă a

„bakuto". În general, membri yakuza îşi tatuau câte un inel negru în jurul braţului, fiecare dintre aceste inele însemnând comiterea unei crime. În timp, aceste tatuaje au ajuns să fie un simbol al puterii. În ziua de astăzi, tatuajele sunt uzitate pentru a arăta afilierea la un anumit clan. În momentele în care se mai joacă „oicho-kabu" între ei, membri yakuza îşi mai dezbracă tricourile şi le coboară până la talie, descoperindu-şi astfel tatuajele care le acoperă uneori întreg corpul. Nu sunt dese astfel de ocazii în care membri yakuza să-şi lase la vedere tatuajele, ei ieşind pe stradă în genere cu tricouri la baza gâtului şi cu mâneci lungi. În limba japoneză tatuajul se numeşte „irezumi", acest cuvânt însemnând introducerea cernelii sub piele. Tatuajul a devenit legal din anul 1945, dar poartă pecetea criminalităţii. Yakuza, mafia japoneză, poate fi foarte uşor înţeleasă atunci când sunt înţelese şi originile sale feudale. Spre deosebire de concretizările aceluiaşi fenomen în alte ţări, în Japonia, yakuza nu este o organizaţie secretă nici pe departe. Multe dintre grupări au birouri care poartă numele sau emblema proprie. Foarte interesant este faptul că a existat o familie yakuza care obişnuia să scoată un ziar lunar în care se scria despre viaţa liderilor şi apăreau poezii scrise de către aceştia, semn că nici în vremurile moderne şi nici în straturile cu statut scăzut în societate, astfel de îndeletniciri nobile, atât de grăitoare pentru înţelegerea spiritului nipon, nu au fost uitate. Printre ocupaţiile de bază în grupările moderne se pot număra: administrarea centrelor de distracţie, a cartierelor roşii, şantajul, administrarea jocurilor de noroc (pachinko), a caselor de pariuri, camătă, fraudă, trafic de droguri şi multe atele. Însă unul dintre cele mai importante ajutoare primite de către yakuza prin dezvoltarea economiei japoneze a fost chiar explozia industriei construcţiilor. Se pare că unul dintre cele mai mari proiecte din care yakuza a avut de câştigat enorm este chiar construcţia aeroportului internaţional din Kansai.

Un alt mod prin care mafia modernă reuşeşte să câştige foarte mult este ajutat de un sport bine văzut în Japonia de astăzi, şi anume golful. Pe competiţiile de golf se pariază foarte mult şi nu numai, grupările yakuza deţinând chiar o mare parte dintre terenurile de golf. O altă îndeletnicire, de această dată „nobilă", avută în vedere în scopul înstăririi este constituită de administrarea unor galerii şi de traficul cu obiecte de artă.

4.3 Consumatori

Mai multe organisme internaţionale au încercat să afle locurile care sunt mai propice consumului de substanţe stupefiante prin intervievarea mai multor categorii de consumatori, rezultând următoarea statistică:

Locurile cel mai frecvent utilizate de consumatorii de droguri

%	Loc
15,7 %	Numai la petreceri în aer liber
16,9 %	Numai în discoteci, cu prietenii
10,8 %	Numai în baruri, cu prietenii
3,6 %	La şcoală
39,8 %	În cercul de prieteni, acasă la unii din ei
8,4 %	Acasă la mine, cu prietenii, când părinţii sunt plecaţi
3,6 %	Acasă la mine, cu prietenii, când părinţii sunt în altă cameră
4,8 %	Acasă, singur, numai când părinţii sunt plecaţi
8,4 %	Acasă, singur, când părinţii sunt în altă cameră

Printre cei mai cunoscuţi consumatori de droguri care au decedat în urma consumului de substanţe psihotrope, în unele cazuri fiind combinat cu consumul excesiv de alcool şi de alte substanţe medicamentoase, se numără şi următoarele celebrităţi:

Philip Seymour Hoffman (n. 23 iulie 1967-d. 2 februarie 2014)

Philip Seymour Hoffman, recompensat cu premiul Oscar pentru rolul scriitorului Truman Capote din filmul „Capote", în 2006, a fost găsit mort în apartamentul său din New York, cu o seringă înfiptă în braţ, din câte se pare, victimă a unei supradoze de heroină. Nominalizat de trei ori la categoria „cel mai bun actor în rol secundar", pentru interpretările de excepţie din filmele „Războiul lui Charlie/Charlie Wilson's War" (2007), „Îndoiala/Doubt" (2008) şi „The Master" (2012). Actorul american a mai jucat în „Marele Lebowski", „Talentatul domn Ripley", „Doi oameni perfecţi", „Dragonul Roşu", „Cold Mountain", „Misiune: Imposibilă III", „Synecdoche, New York", „Ziua trădătorilor/The Ides of March" şi „Moneyball: Arta de a învinge". Cele mai recente roluri ale sale au fost cele din trilogia „Jocurile foamei/The Hunger Games".

Cory Monteith (n. 11 mai 1982-d. 13 iulie 2013)

Actorul canadian Cory Monteith, din serialul de mare succes „Glee", a murit pe 13 iulie 2013, la Vancouver, din cauza unei supradoze de heroină şi alcool, la câteva săptămâni după ce s-a externat de la dezintoxicare. În serialul „Glee", Cory

Monteith a interpretat rolul lui Finn Hudson, un jucător de fotbal îndrăgostit de o colegă de liceu (Lea Michele), care cânta în corul şcolii, devenind idolul unei întregi generaţii de adolescenţi.

Whitney Houston (n. 9 august 1963-d. 11 februarie 2012)

Artista americană Whitney Houston a murit din cauza unei combinaţii de Xanax, alcool şi alte medicamente. Cântăreaţa ar fi consumat mult alcool în noaptea dinaintea morţii sale, potrivit site-ului tmz.com. Alcoolul, în combinaţie cu medicamentul Xanax, are un puternic efect sedativ, fapt care ar fi făcut-o să adoarmă în cadă.

Heath Ledger (n. 4 aprilie 1979-d. 22 ianuarie 2008)

Actorul australian Heath Ledger a fost găsit mort, în apartamentul său din New York, pe 22 ianuarie 2008, din cauza unei „intoxicaţii acute cu medicamente", printre care antidepresive, analgezice şi anxiolitice, la scurt timp după ce interpretase rolul Jokerului din „Cavalerul negru" care a fost lansat pe 18 iulie 2008. De asemenea, Heath Ledger a interpretat rolul unui cowboy homosexual, în filmul „O iubire secretă /Brokeback Mountain", de Ang Lee. Pentru interpretarea lui Ennis Del Mar din Brokeback Mountain, Ledger a fost recompensat cu premiul Criticilor din New York pentru cel mai bun actor în 2005 şi în 2006 îşi adjudecă premiul de „Cel mai bun actor" din partea Institutului de film Australian şi este nominalizat la Oscar în 2005 pentru „Cel mai bun actor într-un rol principal" și la premiile BAFTA din 2006 pentru „Cel mai bun personaj interpretat" și anume „Robbie Clark", bazat pe o perioadă de viață a lui Bob Dylan.

Anna Nicole Smith (n. **Vickie Lynn Hogan** pe 28 noiembrie 1967-d. 8 februarie 2007)

Anna Nicole Smith a fost găsită moartă în camera sa de hotel din Florida. Medicii au concluzionat faptul că vedeta a murit din cauza unei supradoze de medicamente. Anna Nicole se afla într-una din cele mai furtunoase și dureroase perioade din viața sa. Băiatul său, Daniel, în vârstă de 20 de ani, decedase în urma consumului unei cantități prea mari de antidepresive și metadonă.

River Jude Phoenix (n. **River Jude Bottom** pe 23 august 1970-d. 31 octombrie 1993)

Actorul american River Phoenix a decedat din cauza unui infarct provocat de o supradoză de droguri, pe 31 octombrie, la Hollywood. Pe numele său adevărat River Jude Bottom, River Phoenix a fost, de asemenea, compozitor și cântăreț. Acesta a fost nominalizat la premiul Oscar pentru cel mai bun actor, cu filmul „Viața pe fugă / Running on Empty".

Romy Schneider (n. **Rosemarie Magdalena Albach** pe 23 septembrie 1938-d. 29 mai 1982)

Actrița franceză de origine germană Romy Schneider a decedat în apartamentul ei din Paris, în urma unui abuz de somnifere și alcool, în noaptea de 29 mai 1982, la zece ani după decesul fiul său David, în vârstă de 14 ani, într-un accident. Romy Schneider s-a lansat la vârsta de 15 ani, cu rolul prințesei Elisabeta a Austriei, în trilogia „Sissi". Romy Schneider a primit de două ori premiul César pentru cea mai bună actriță, cu rolurile din „Important e să iubești/L'important c'est d'aimer" și „O poveste simplă/Une histoire simple".

John Belushi (n. 24 ianuarie 1949-d. 5 martie 1982)

Actorul american, de origine albaneză, a murit din cauza unei supradoze de alcool și droguri pe 5 martie, la hotelul Château Marmont din Los Angeles. Devenit celebru după interpretarea rolului principal din comedia „Peripeții la colegiu /Animal House", John Belushi a mai primit roluri, printre altele, în „Frații Blues/Les Blues Brothers" și „Neighbors/Vecinii".

Jean Seberg (n. **Jean Carlsen** pe 13 noiembrie 1938-d. 30 august 1979)

Actrița de origine americană a fost dată dispărută la sfârșitul lunii august 1979, iar trupul neînsuflețit a fost găsit pe 8 septembrie, în mașina personală, în apropiere de domiciliul său din Paris. Rezultatele anchetei au indicat sinuciderea, atribuind decesul unei supradoze de barbiturice și alcool. Conform altor versiuni, care au contestat rezultatele anchetei, actrița ar fi fost asasinată. Numele lui Jean Seberg a rămas legat de filmul cult, din Noul Val francez, „Cu sufletul la gură / A bout de souffle", de Jean-Luc Godard.

Judy Garland (n. **Frances Ethel Gumm** pe 10 iunie 1922-d. 22 iunie 1969)

Actrița și cântăreața americană Judy Garland, pe numele ei adevărat Frances Ethel Gumm, a decedat la Londra, pe 22 iunie 1969, din cauza unei supradoze de barbiturice. Printre cele mai importante filme ale actriței se numără „Vrăjitorul din Oz/ The Wizard of Oz", „A Star is Born/S-a născut o stea" și „Procesul de la Nürnberg/Judgment at Nuremberg".

Marilyn Monroe (n. **Norma Jeane Mortensen** pe 1 iunie 1926-d. 5 august 1962)

Actrița americană Marilyn Monroe a murit în noaptea de 5 august 1962, în vila sa din Brentwood, în apropiere de Los Angeles. Printre cauzele posibile ale morții, rămase neelucidate, se numără sinucidere, supradoză de medicamente și chiar asasinat politic. Considerată un sex-simbol al epocii, Marilyn Monroe a rămas în istoria cinematografiei cu filme precum „Unora le place jazzul/Some Like It Hot", „Șapte ani de căsnicie/ The Seven Year Itch" și „Inadaptații/The Misfits".

5. CADRUL LEGAL DE COMBATERE A TRAFICULUI DE DROGURI

De-a lungul istoriei, în spaţiul în care trăieşte poporul românesc, conducătorii României, indiferent de forma de organizare statală şi apartenenţa politică a acestora, au fost conştienţi de faptul că traficul şi consumul de droguri nu este benefic populaţiei, cu toate că în acea perioadă aceste fapte erau apanajul claselor bogate, sens în care au considerat faptul că este nevoie să scoată aceste activităţi în afara legii.

Astfel, au fost elaborate următoarele acte normative care sancţionau traficul de droguri:

– Decretul nr. 1578/1928 pentru promulgarea Legii privind ratificarea Convenţiei şi Protocolului asupra opiului, încheiată la Geneva la 19 februarie 1925 (Legea nr. 28/25.04. 1928);

– Decretul Marii Adunări Naţionale nr. 227/09.09.1950 privind reglementarea întrebuinţării stupefiantelor;

– Decretul Marii Adunări Naţionale nr. 496/1952 pentru reglementarea regimului substanţelor produselor toxice;

– Legea nr. 73/1969 privind regimul produselor şi substanţelor stupefiante;

– Codul Penal din 01.01.1969 (art. 312);

– Decretul Consiliului de Stat nr. 466/1979 privind regimul produselor și substanțelor toxice.

Potrivit art. 312 din Codul Penal legiuitorul a decis: *producerea, deținerea sau orice operațiune privind circulația produselor ori substanțelor stupefiante sau toxice, cultivarea în scop de prelucrare a plantelor care conțin astfel de substanțe ori experimentarea produselor sau substanțelor toxice, toate acestea fără drept, se pedepsesc cu închisoare de la 3 la 15 ani și interzicerea unor drepturi.*

Dacă fapta prevăzută în alin. 1 a fost săvârșită organizat, pedeapsa este detențiunea pe viață sau închisoarea de la 15 la 25 de ani și interzicerea unor drepturi.

Prescrierea de către medic, fără a fi necesar, a produselor sau substanțelor stupefiante, se pedepsește cu închisoare de la unu la 5 ani, iar organizarea sau îngăduirea consumului de asemenea produse ori substanțe în locuri anumite se pedepsește cu închisoare de la 3 la 15 ani și interzicerea unor drepturi.

Tentativa se pedepsește.

După anii 1990, datorită includerii țării noastre în coridorul al doilea al transportului de droguri între Asia și Occident, în România a explodat atât traficul de substanțe stupefiante și psihotrope, cât și consumul acestora. Cu această ocazie s-a constatat faptul că prevederile legislative sunt perimate, sens în care au fost adoptate mai multe acte normative cu incidență în domeniu, astfel:

– Hotărârea Guvernului României nr. 75/1991 pentru stabilirea și sancționarea contravențiilor la normele privind regimul produselor și substanțelor stupefiante

– Legea nr. 143 din 26 iulie 2000 privind prevenirea şi combaterea traficului şi consumului ilicit de droguri;

– Hotărârea nr. 860 din 28 iulie 2005 pentru aprobarea Regulamentului de aplicare a dispoziţiilor Legii nr. 143/2000 privind combaterea traficului şi consumului ilicit de droguri, cu modificările şi completările ulterioare;

– Legea nr. 339 din 5 decembrie 2005 privind regimul juridic al plantelor, substanţelor şi preparatelor stupefiante şi psihotrope;

– Hotărârea Guvernului nr. 282 din 12 martie 2008 pentru completarea tabelului I din anexa la Legea nr. 339/2005 privind regimul juridic al plantelor, substanţelor şi preparatelor stupefiante şi psihotrope (emitent Guvernul, publicată în Monitorul Oficial nr. 206 din 18 martie 2008);

– Hotărârea Guvernului nr. 575 din 16 iunie 2010 pentru actualizarea anexei la Legea nr. 339/2005 privind regimul juridic al plantelor, substanţelor şi preparatelor stupefiante şi psihotrope, precum şi a anexei la Legea nr. 143/2000 privind prevenirea şi combaterea traficului şi consumului ilicit de droguri;

– Hotărârea nr. 1915 din 22 decembrie 2006 pentru aprobarea normelor metodologice de aplicare a prevederilor Legii nr. 339/2005 privind regimul juridic al plantelor, substanţelor şi preparatelor stupefiante şi psihotrope, cu modificările şi completările ulterioare;

– Legea nr. 381 din 28 septembrie 2004 privind unele măsuri financiare în domeniul prevenirii şi combaterii traficului şi consumului ilicit de droguri;

– Hotărârea Guvernului nr. 324/28.03.2007 pentru aprobarea Strategiei naţionale de management integrat al frontierei de stat a României în perioada 2007-2010, emitent Guvernul României, publicată în Monitorul Oficial nr. 249 /13.04.2007;

– Legea nr. 64/ 2005 privind participarea României ca membru cu drepturi depline la Grupul de cooperare pentru combaterea consumului și traficului ilicit de droguri (Grupul Pompidou) din cadrul Consiliului Europei;

– Hotărârea Guvernului nr. 1543/09.12.2009 privind aprobarea plății contribuției anuale pentru participarea Inspectoratului General al Poliției Romane, prin Agenția Națională Antidrog, la Fundația Europeană Helpline (FESAT);

– Hotărârea Guvernului nr. 461 din 11.05.2011 privind organizarea și funcționarea Agenției Naționale Antidrog;

– Hotărârea Guvernului nr. 1101 din 18 septembrie 2008 privind aprobarea Programului de interes național de prevenire a consumului de tutun, alcool și droguri 2009-2012;

– Hotărârea Guvernului nr. 1102 din 18 septembrie 2008 privind aprobarea Programului național de asistență medicală, psihologică și socială a consumatorilor de droguri 2009-2012, cu completările ulterioare;

– Legea nr. 194 din 7 noiembrie 2011 republicată, privind combaterea operațiunilor cu produse susceptibile de a avea efecte psihoactive, altele decât cele prevăzute de acte normative în vigoare

– Ordinul nr. 103 din 26.04.2012 privind aprobarea Procedurii de autorizare a operațiunilor cu produse susceptibile de a avea efecte psihoactive, altele decât cele prevăzute de acte normative în vigoare, și a cuantumului tarifelor de autorizare și evaluare;

– Hotărârea Guvernului nr. 784/09.10.2013 privind aprobarea Strategiei naționale antidrog 2013-2020 și a Planului de acțiune în perioada 2013-2016 pentru implementarea Strategiei naționale antidrog 2013-2020.

Cea mai importantă normă legislativă în cazul traficului și consumului de droguri o constituie fără îndoială legea nr. 143/2002 cea care a contribuit decisiv la combaterea acestui veritabil „cancer al societății contemporane”.

Totodată s-a constatat faptul că la prepararea substanțelor stupefiante sunt folosite și alte substanțe, sens în care în literatura de specialitate au fost denumite „precursori”. Cu această ocazie au fost preluate și adaptate mai multe reglementări internaționale în domeniul precursorilor, astfel au apărut următoarele acte normative:

– Ordonanța de Urgență a Guvernului nr. 121/2006 privind regimul juridic al precursorilor de droguri aprobată prin Legea nr.186/2007;

– Legea nr. 186 din 13 iunie 2007 pentru aprobarea O.U.G. nr. 121/2006 privind regimul juridic al precursorilor de droguri;

– Hotărârea Guvernului nr. 358/2008 pentru aprobarea regulamentului de aplicare a O.U.G. nr. 121/2006 privind regimul juridic al precursorilor de droguri, precum și pentru modificarea H.G. nr. 1489/2002 privind înființarea Agenției Naționale Antidrog.

Cu această ocazie au apărut și următoarele alte acte normative incidente, astfel:

– Lege nr. 333 din 8 iulie 2003 privind paza obiectivelor, bunurilor, valorilor și protecția persoanelor, cu modificările și completările ulterioare;

– O.U.G. nr. 200 din 9 noiembrie 2000 privind clasificarea, etichetarea şi ambalarea substanţelor şi preparatelor chimice periculoase, cu modificările ulterioare;

– Hotărâre nr. 490 din 16 mai 2002 pentru aprobarea Normelor metodologice de aplicare a O.U.G. nr. 200/2000 privind clasificarea, etichetarea şi ambalarea substanţelor şi preparatelor chimice periculoase, cu modificările şi completările ulterioare.

Cu toate că la nivelul societăţii româneşti au fost reglementate aproape toate activităţile legate de traficul şi consumul de droguri şi substituţi ai acestora, autorităţile au considerat faptul că este necesară şi elaborarea unui cadru legislativ secundar care să fie complementar celui principal, adică să sancţioneze infracţiuni conexe acestui flagel, astfel:

– Hotărârea Guvernului nr. 1101/2008 privind aprobarea Programului de interes naţional de prevenire a consumului de tutun, alcool şi droguri 2009-2012;

– Hotărârea Guvernului nr. 1102/2008 privind aprobarea Programului naţional de asistenţă medicală, psihologică şi socială a consumatorilor de droguri 2009-2012;

– Legea nr. 349/2002 pentru prevenirea şi combaterea efectelor consumului produselor din tutun;

– Ordonanţa de Urgenţă a Guvernului nr. 13 pentru modificarea şi completarea Legii nr. 349/ 2002;

– Legea nr. 275/2003 de aprobare a O.U.G. nr. 13 pentru modificarea şi completarea Legii nr. 349/ 2002;

– Legea nr. 90/2004 privind modificarea şi completarea Legii 349/2002 pentru prevenirea şi combaterea efectelor consumului produselor din tutun;

– Legea nr. 553/2004 pentru modificarea art. III din Legea nr 90/2004 privind modificarea şi completarea Legii 349/2002 pentru prevenirea şi combaterea efectelor consumului produselor din tutun;

– Ordonanţa de Guvern nr. 92/29.08.2000 privind organizarea şi funcţionarea serviciilor de reintegrare socială a infractorilor şi de supraveghere a executării sancţiunilor neprivative de libertate, emitent Guvernul României (Monitorul Oficial nr. 423/01.09.2000);

– Ordonanţa de Guvern nr. 68/2003 privind serviciile sociale, emitent Guvernul României (Monitorul Oficial nr. 619 / 30.08.2003);

– Ordinul comun MSP şi MIRA nr. 770 şi respectiv nr. 192 din 2007 pentru aprobarea Metodologiei de completare a fişelor standard şi de transmitere a datelor prevăzute în foaia individuală de urgenţă pentru consumul de droguri, foaia individuală de admitere la tratament pentru consumul de droguri, cazurile înregistrate de HVC şi HVB în rândul consumatorilor de droguri injectabile şi prevalenţa infecţiilor cu HIV, HVB şi HVC în rândul consumatorilor de droguri injectabile etc. (Anexa nr. 1);

– Ordin nr. 1389 din 4 august 2008 privind aprobarea criteriilor şi metodologiei de autorizare a centrelor de furnizare de servicii pentru consumatorii de droguri şi a Standardelor minime obligatorii de organizare şi funcţionare a centrelor de furnizare de servicii pentru consumatorii de droguri;

– Ordin nr. 1216/C din 18 mai 2006 privind modalitatea de derulare a programelor integrate de asistenţă medicală, psihologică şi socială pentru persoanele aflate în stare privativă de libertate, consumatoare de droguri;

– Decizia nr. 16 din 2 octombrie 2006 pentru aprobarea Standardelor minime obligatorii privind managementul de caz în domeniul asistenţei consumatorului de droguri;

– Decizia nr. 17 din 2 octombrie 2006 pentru aprobarea Metodologiei de elaborare, modificare şi implementare a planului individualizat de asistenţă a consumatorului de droguri;

– Ordin comun al Ministerului Sănătăţii şi Familiei şi Ministerului Justiţiei nr. 898/725/2002 privind măsurile medicale şi educative aplicate toxicomanilor în penitenciare;

– Ordinul nr. 383/06.06.2005 al Ministrului Muncii, Solidarităţii Sociale şi Familiei pentru aprobarea standardelor generale de calitate privind serviciile sociale specializate din România, furnizate în sistem public, privat şi parteneriat public-privat şi a modalităţii de evaluare a îndeplinirii acestora de către furnizori;

– Hotărârea Guvernului nr. 1024/2004 pentru verificarea respectării standardelor de calitate prevăzute de Ordinul nr. 383/ 06.06.2005;

– Ordinul nr. 1204 din 27 septembrie 2004 privind aprobarea certificatului pentru deţinerea de medicamente şi substanţe stupefiante şi psihotrope;

– Legea nr. 195/2001 privind voluntariatul;

– Dispoziţia nr. 51/02.09.2010 a Inspectorului General al Poliţiei Romăne, de aprobare a Metodologiei de lucru cu voluntarii la nivelul Agenţiei Naţionale Antidrog şi a Centrelor de Prevenire Evaluare şi Consiliere Antidrog;

– Hotărârea nr. 991 din 25 august 2005 pentru aprobarea Codului de etică şi deontologie al poliţistului;

– Legea nr. 477 din 8 noiembrie 2004 privind Codul de conduită a personalului contractual din autorităţile şi instituţiile publice.

Pentru o mai bună implementare şi coordonare a tuturor activităţilor care fac obiectul traficului de droguri, la nivelul Guvernului României au fost adoptate mai multe documente programatice cu o puternică relevanţă în acest domeniu, astfel:

– Programul de guvernare al României 2009-2012 (Capitolul 20 – Ordine şi siguranţa cetăţeanului) aprobat prin Hotărârea Parlamentului nr. 39 din 23/12.2009 de aprobare a Programului de guvernare al României 2009-2012 (Monitorul Oficial nr. 907/23.12.2009);

– Strategia naţională de ordine publică 2010-2013, aprobată prin Hotărârea Guvernului nr. 1040/13.10.2010 pentru aprobarea Strategiei naţionale de ordine publică 2010-2013;

– Strategia naţională antidrog 2005-2012, adoptată prin Hotărârea Guvernului nr. 73/2005 privind aprobarea Strategiei naţionale antidrog în perioada 2005-2012;

– Planul de acţiune pentru implementarea Strategiei naţionale antidrog în perioada 2010-2012, aprobat prin Hotărârea Guvernului nr. 1.369/2010 privind aprobarea Planului de acţiune pentru implementarea Strategiei naţionale antidrog în perioada 2010-2012;

– Evaluarea Strategiei naţionale antidrog 2005-2012;

– Strategia naţională antidrog 2013-2020 şi Planul de acţiune pentru implementarea Strategiei naţionale antidrog în perioada 2013-2016, adoptate prin Hotărârea Guvernului nr. 784/09.10.2013 privind aprobarea Strategiei naţionale antidrog 2013-2020 şi a Planului de acţiune în perioada 2013-2016 pentru implementarea Strategiei naţionale antidrog 2013-2020.

6. COOPERAREA NAȚIONALĂ ȘI INTERNAȚIONALĂ ÎN COMBATEREA TRAFICULUI DE DROGURI

Datorită faptului că flagelul traficului și consumului de droguri a luat amploare în țara noastră, s-a impus crearea unor organisme și organizații naționale care să fie în prima linie în lupta cu acest veritabil flagel al lumii moderne.

Odată create, aceste organizații au început să coopereze cu organizații similare din Uniunea Europeană și din alte țări în vederea acumulării unor cunoștințe în acest domeniu.

6.1 Organizații naționale

În țara noastră principala organizație specializată în lupta antidrog este Agenția Națională Antidrog din cadrul Ministerului Afacerilor Interne.

Agenția Națională Antidrog a luat ființă în anul 2003, prin instituționalizarea cadrului de lucru al Comisiei Interministeriale Antidrog și crearea unei structuri guvernamentale moderne, care să răspundă cerințelor europene în domeniu. Preluând atribuțiile deținute de Comisia Interministerială, noua instituție urma să asigure la nivel național coordonarea unitară a luptei împotriva traficului și consumului ilicit de droguri, pe baza unei strategii naționale, context în care, îi revenea și misiunea de a asigura elaborarea, dezvoltarea și promovarea politicilor în domeniul reducerii cererii și ofertei de droguri.

Prima Strategie Națională Antidrog (pentru perioada 2003-2004), elaborată de Agenția Națională Antidrog, a venit astfel în întâmpinarea unei dificultăți acute în planul coerenței decizionale și al unității de acțiune în domeniul combaterii și prevenirii consumului și traficului ilicit de droguri, dificultate resimțită în perioada funcționării Comisiei Interministeriale Antidrog. Totodată, prin înființarea Agenției Naționale Antidrog, s-a creat pentru prima data posibilitatea abordării problematicii drogurilor din perspectivă interdisciplinară, în acest sens, colectivul noii instituții reunind medici, juriști, psihologi, sociologi, asistenți sociali, farmaciști, chimiști, specialiști în domeniul educației și al prevenirii criminalității etc.

Atribuțiile principale ale Agenției Naționale Antidrog sunt următoarele:

a) elaborează, pe baza propunerii instituțiilor cu atribuții în domeniu, proiectul Strategiei naționale antidrog și planul său de acțiune și le supune spre aprobare Guvernului;

b) asigură coordonarea activității desfășurate de instituțiile, organizațiile guvernamentale implicate în realizarea obiectivelor prevăzute în Strategia națională antidrog;

c) colaborează cu organizațiile neguvernamentale în scopul realizării obiectivelor prevăzute în Strategia națională antidrog;

d) monitorizează activitățile desfășurate de instituțiile publice cu atribuții în implementarea Strategiei naționale anti-drog și evaluează ori de câte ori se impune stadiul realizării acesteia;

e) colectează, stochează, procesează și analizează date și informații cu caracter personal și statistic în domeniul său de competență, în condițiile legii;

f) efectuează studii, cercetări și analize privind evoluția fenomenului traficului și consumului ilicit de droguri;

g) întocmește anual, pe baza datelor furnizate, raportul național privind evoluția și nivelul traficului și consumului ilicit de droguri, pe care îl înaintează, prin Ministerul Administrației și Internelor, Guvernului României și organismelor internaționale abilitate să asigure aplicarea prevederilor convențiilor internaționale, în conformitate cu acordurile ratificate de România;

h) îndeplinește rolul de punct focal național în Rețeaua europeană de informații privind drogurile și toxicomania (REITOX), conform Regulamentului (CE) nr. 1.920/2006 al Parlamentului European și al Consiliului din 12 decembrie 2006 privind Observatorul European pentru Droguri și Toxicomanie;

i) stabilește indicatorii și criteriile de apreciere a feno-menului drogurilor în baza ghidurilor și recomandărilor europene, în vederea furnizării de informații comparabile cu celelalte state membre ale Uniunii Europene;

j) gestionează anual Acordul de finanțare cu Observatorul European pentru Droguri și Toxicomanii și asigură implemen-tarea acestuia;

k) gestionează sistemul de înregistrare pentru Registrul unic codificat privind consumatorii de droguri;

l) furnizează, prin structurile teritoriale, servicii integrate de asistență medicală, psihologică și socială, precum și servicii de prevenire;

m) elaborează, fundamentează, implementează, finanțează, monitorizează și evaluează programul național și programul de interes național de prevenire și asistență medicală, psihologică și socială a consumatorilor de droguri, precum și alte programe în domeniul reducerii cererii și ofertei de droguri;

n) monitorizează operațiunile cu precursori, conform legii, și constituie punct național focal privind precursorii de droguri;

o) asigură legătura cu organismele și organizațiile internaționale și europene cu atribuții în domeniu, precum și reprezentarea în cadrul acestora;

p) asigură schimbul de informații în cadrul Sistemului european de avertizare rapidă timpurie (EWAS);

q) propune, prin Ministerul Administrației și Internelor, modificarea legislației în domeniul său de activitate;

r) acreditează și implementează programe de formare în domeniul reducerii cererii și ofertei de droguri;

s) participă la aplicarea dispozițiilor privind regimul juridic al plantelor, substanțelor și preparatelor stupefiante și psihotrope, prin personal anume împuternicit, potrivit legii

t) exercită și alte atribuții în domeniu, potrivit legii.

Agenția Națională Antidrog colaborează atât cu celelalte structuri din cadrul Ministerului Afacerilor Interne, cât și cu alte instituții cu atribuții în domeniul securității și apărării ordinii publice.

Direcția de Combatere a Criminalității Organizare (DCCO) din cadrul Ministerului Afacerilor Interne Direcția are în subordine 15 brigăzi și 27 servicii județene cu linii de muncă corespondente structurii centrale, corespunzătoare structurilor teritoriale ale D.I.I.C.O.T, D.N.A și D.G.A. și investighează infracțiunile din competența acestor instituții.

Este unitatea specializată din structura Inspectoratului General al Poliției Române, cu competență teritorială generală, care desfășoară și coordonează activitatea de combatere a criminalității organizate la nivel național, în conformitate cu actele normative în vigoare.

În subordinea Brigăzii de Combatere a Criminalității Organizate București, funcționează și birouri de combatere a criminalității organizate, având competență teritorială, corespunzătoare celor șase sectoare.

Direcția cooperează, în condițiile legii, cu structuri similare din alte țări, precum și organisme internaționale abilitate în domeniul combaterii criminalității organizate.

În cadrul Direcției de Combatere a Criminalității Organizate funcționează **Serviciul antidrog**, unitate specializată care desfășoară activități investigative și de urmărire penală pentru combaterea traficului și consumului de droguri, intern și transfrontalier.

La nivelul Direcției mai funcționează Laboratorul central de analiză și profil al drogurilor.

Unitățile de profil sunt sprijinite de Laboratorul central de analiză și profil al drogurilor și 4 laboratoare teritoriale, care efectuează în mod operativ, analize fizico-chimice ale substanțelor stupefiante, psihotrope, ori ale altor substanțe confiscate.

Atribuţiile Poliţiei Române sunt cele prevăzute la art. 26 din Legea nr. 218/2002, republicată, privind organizarea şi funcţionarea Poliţiei Române, care la alin. 18 prevede faptul că „exercită controlul asupra respectării regimului materialelor radioactive şi nucleare, substanţelor toxice şi stupefiante, precum şi asupra altor obiecte şi materii supuse autorizării, potrivit legii".

Jandarmeria Română participă, prin structurile proprii cu atribuţii specifice, la descoperirea, cercetarea şi sancţionarea traficului şi consumului de substanţe stupefiante şi psihotrope, structuri formate atât din compartimente de judiciar, criminalistică şi evidenţă contravenţii, cât şi din efectivele de la ordine publică.

Structurile de judiciar, criminalistică şi evidenţă contravenţii sunt formate din:

a) compartimentul judiciar, criminalistică şi evidenţă contravenţii din cadrul Brigăzii Speciale de Intervenţie „Vlad Ţepeş" a Jandarmeriei Române;

b) compartimentul judiciar, criminalistică şi evidenţă contravenţii din cadrul Direcţiei Generale de Jandarmi a Municipiului Bucureşti;

c) 8 compartimente de judiciar, criminalistică şi evidenţă contravenţii din cadrul Grupărilor mobile;

d) 41 compartimente de judiciar, criminalistică şi evidenţă contravenţii din cadrul Inspectoratelor de jandarmi judeţene.

Structurile de judiciar, criminalistică şi evidenţă contravenţii sunt destinate pentru a executa următoarele misiuni şi activităţi:

1. participă la executarea misiunilor de ordine publică, pază și protecție instituțională, executate de structurile de jandarmi, desfășurând activități concrete de constatare a crimelor și delictelor, identificare și prindere a autorilor, identificare a persoanelor vătămate, a martorilor și mijloacelor materiale de probă, întocmirea actelor premergătoare începerii urmăririi penale și predarea învinuiților organelor abilitate pentru continuarea cercetărilor;

2. desfășoară activități specifice pe linia cunoașterii situației operative, în zonele de competență, prin obținerea de date cu valoare operativă privind locurile și mediile frecventate de persoanele predispuse comiterii de fapte antisociale;

3. îndeplinește, în condițiile legii, toate atribuțiile ce rezultă din dispozițiile art. 214 din Codul de procedură penală, cu ocazia constatării infracțiunilor descoperite pe timpul executării misiunilor specifice;

4. efectuează, în condițiile legii, controlul corporal preventiv și controlul bagajelor suspectului, întocmind în acest sens un proces-verbal;

5. procedează la protejarea și conservarea locului faptei, participă la efectuarea cercetării la fața locului, în cazul evenimentelor comise în zona de responsabilitate;

6. execută documentarea criminalistică prin fotografiere și filmare a activității unor persoane care pregătesc ori au comis infracțiuni sau contravenții de natură a tulbura ordinea de drept;

7. urmăresc recuperarea integrală a prejudiciului cauzat în urma infracțiunilor constatate;

8. identificarea și cunoașterea temeinică a locurilor favorabile și mediilor pretabile, precum și identificarea și

monitorizarea stărilor conflictuale deosebite din zona de responsabilitate;

9. desfășoară activități de pregătire antiinfracționala a populației și de propagandă juridică;

10. investigarea persoanelor depistate în timpul misiunilor specifice, cu privire la infracțiunile comise și întocmirea actelor premergătoare necesare începerii urmăririi penale;

11. urmărirea modului de finalizare a dosarelor tuturor suspecților predați poliției și parchetului.

Jandarmeria Română, potrivit art. 19 din legea nr. 550/2004 privind organizarea și funcționarea Jandarmeriei Române, prin structurile sale specializate, are următoarele atribuții:

a) apără, prin mijloacele și metodele prevăzute de lege, viața, integritatea corporală și libertatea persoanei, proprietatea publică și privată, interesele legitime ale cetățenilor, ale comunității și ale statului;

b) execută misiuni de asigurare a ordinii publice cu ocazia mitingurilor, marșurilor, demonstrațiilor, procesiunilor, acțiunilor de pichetare, acțiunilor promoționale, comerciale, manifestărilor cultural-artistice, sportive, religioase, comemorative, precum și a altor asemenea activități care se desfășoară în spațiul public și care implică aglomerări de persoane;

c) execută misiuni de restabilire a ordinii publice când aceasta a fost tulburată prin orice fel de acțiuni sau fapte care contravin legilor în vigoare;

d) execută, la solicitarea Inspectoratului General al Poliției de Frontieră, pe baza planurilor de cooperare, misiuni de asigurare și restabilire a ordinii publice în punctele de control pentru trecerea frontierei de stat;

e) execută, pe baza planurilor de cooperare aprobate de ministrul administraţiei şi internelor, misiuni de menţinere a ordinii publice pentru prevenirea şi descoperirea infracţiunilor în staţiuni montane şi pe trasee turistice din zona acestora, precum şi pe litoralul Mării Negre, în Delta Dunării ori în staţiuni balneare sau în alte zone de interes operativ;

f) execută, în cooperare cu instituţiile abilitate ale statului, misiuni de asigurare a ordinii publice pe timpul vizitelor oficiale sau al altor activităţi la care participă înalţi demnitari români sau străini pe teritoriul României, în zona obiectivelor şi a locurilor de desfăşurare a activităţilor;

g) execută, în condiţiile legii, la solicitarea autorităţilor competente, misiuni de urmărire şi prindere a evadaţilor, dezertorilor şi a altor persoane despre care există date şi indicii temeinice că intenţionează să săvârşească sau au săvârşit infracţiuni ori care se sustrag măsurii arestării preventive sau executării pedepselor privative de libertate;

h) execută misiuni de intervenţie antiteroristă la obiectivele aflate în responsabilitatea jandarmeriei sau pentru capturarea şi neutralizarea persoanelor care folosesc arme de foc ori alte mijloace care pot pune în pericol siguranţa persoanelor, bunurilor, valorilor şi transporturilor speciale;

i) asigură, în condiţiile legii, paza sau protecţia şi apărarea obiectivelor, a bunurilor şi valorilor de importanţă deosebită, stabilite prin hotărâre a Guvernului, şi a obiectivelor aparţinând Ministerului Administraţiei şi Internelor, stabilite prin ordin al ministrului administraţiei şi internelor;

j) asigură, în condiţiile legii, paza sau protecţia transportului unor valori importante, precum şi a transportului armelor, muniţiilor, materialelor explozive, stupefiantelor, substanţelor toxice sau radioactive ori al altor materii sau substanţe periculoase, definite astfel prin lege;

k) participă, în cooperare cu celelalte instituţii ale statului abilitate prin lege, la misiuni de prevenire şi neutralizare a actelor teroriste pe teritoriul României;

l) participă, împreună cu alte instituţii abilitate, la supravegherea, controlul şi asigurarea protecţiei şi conservării fondului cinegetic şi piscicol natural, a fondului silvic şi de protecţie a mediului, prin măsuri specifice de prevenire şi combatere a oricăror încălcări ale prevederilor normelor legale;

m) participă la protecţia corespondenţei secrete pe timpul transportului acesteia pe întreg teritoriul României;

n) participă la limitarea şi înlăturarea consecinţelor dezastrelor naturale, tehnologice, de mediu sau complexe;

o) participă, în condiţiile legii, la misiuni în afara teritoriului statului român, cu efective şi tehnica din dotare, la activităţi de instruire, la constituirea forţelor internaţionale destinate îndeplinirii unor misiuni în cadrul acţiunilor de prevenire a conflictelor şi gestionării situaţiilor de criză, de întărire – consiliere, asistenţă, formare, control – a forţelor de ordine locale sau de substituţie a acestora în toate domeniile lor de activitate. În timpul îndeplinirii acestor misiuni efectivele de jandarmi participante beneficiază de drepturile stabilite prin lege pentru militarii care execută misiuni în străinătate;

p) asigură măsuri de ordine şi de protecţie a zonelor în care s-a produs sau există pericolul iminent de producere a unor incendii, explozii ori a altor situaţii de urgenţă ce pun în pericol viaţa, integritatea fizică a persoanelor sau bunurile acestora;

q) constată contravenţii şi aplică sancţiuni contravenţionale, potrivit legii;

r) efectuează, în condițiile legii, acte necesare începerii urmăririi penale pentru infracțiunile constatate pe timpul executării misiunilor specifice, potrivit prevederilor art. 214 din Codul de procedură penală;

s) desfășoară activități de cercetare și documentare în vederea constituirii bazei de date de interes operativ, necesară executării misiunilor specifice, cu persoanele cunoscute cu antecedente în comiterea de acte de dezordine cu prilejul unor manifestări publice, cu cele cunoscute ca aparținând unor grupuri cu comportament huliganic, precum și cu alte informații de interes operativ necesare executării misiunilor;

t) execută orice alte atribuții prevăzute prin lege.

O altă autoritate cu atribuții în domeniul traficului de droguri este și **Direcția de Investigare a Infracțiunilor de Criminalitate Organizată și Terorism (DIICOT)**, care a fost înființată în anul 2004 (prin legea nr. 508/2004) în cadrul Ministerului Public, ca structură specializată în combaterea infracțiunilor de criminalitate organizată și terorism a Parchetului de pe lângă Înalta Curte de Casație și Justiție.

Potrivit art. 2 din legea nr. 508/2004 Direcția de Investigare a Infracțiunilor de Criminalitate Organizată și Terorism are următoarele atribuții:

a) efectuarea urmăririi penale pentru infracțiunile prevăzute în prezenta lege în condițiile Codului de procedură penală și ale legilor speciale:

b) conducerea, supravegherea și controlul actelor de cercetare penală, efectuate din dispoziția procurorului de către ofițerii și agenții de poliție judiciară aflați în coordonarea

Direcţiei de Investigare a Infracţiunilor de Criminalitate Organizată şi Terorism;

c) sesizarea instanţelor judecătoreşti pentru luarea măsurilor prevăzute de lege şi pentru judecarea cauzelor privind infracţiunile care sunt, potrivit art. 12, în competenţa Direcţiei de Investigare a Infracţiunilor de Criminalitate Organizată şi Terorism;

d) studierea cauzelor care generează săvârşirea infracţiunilor de criminalitate organizată, trafic de droguri, macrocriminalitate economico-financiară, criminalitate informatică şi terorism şi a condiţiilor care le favorizează, elaborarea propunerilor în vederea eliminării acestora, precum şi pentru perfecţionarea legislaţiei penale în acest domeniu;

e) constituirea şi actualizarea bazei de date vizând infracţiunile ce sunt date în competenţa Direcţiei de Investigare a Infracţiunilor de Criminalitate Organizată şi Terorism;

f) exercitarea altor atribuţii prevăzute de Codul de procedură penală şi de legile speciale.

Poliţia Locală, potrivit legii nr. 155/2010 (Legea Poliţiei Locale) colaborează în domeniul ordinii şi liniştii publice cu toate structurile Ministerului Afacerilor Interne, având sarcini specifice.

Astfel, conform prevederilor art. 6 poliţia locală are următoarele atribuţii:

a) menţine ordinea şi liniştea publică în zonele şi locurile stabilite prin planul de ordine şi siguranţă publică al unităţii/ subdiviziunii administrativ-teritoriale, aprobat în condiţiile legii;

b) menţine ordinea publică în imediata apropiere a unităţilor de învăţământ publice, a unităţilor sanitare publice, în parcările auto aflate pe domeniul public sau privat al unităţii/subdiviziunii administrativ-teritoriale, în zonele comerciale şi de agrement, în parcuri, pieţe, cimitire, precum şi în alte asemenea locuri publice aflate în proprietatea şi/sau în administrarea unităţilor/subdiviziunilor administrativ-teritoriale sau a altor instituţii/servicii publice de interes local, stabilite prin planul de ordine şi siguranţă publică;

c) participă, împreună cu autorităţile competente prevăzute de lege, potrivit competenţelor, la activităţi de salvare şi evacuare a persoanelor şi bunurilor periclitate de calamităţi naturale ori catastrofe, precum şi de limitare şi înlăturare a urmărilor provocate de astfel de evenimente;

d) acţionează pentru identificarea cerşetorilor, a copiilor lipsiţi de supravegherea şi ocrotirea părinţilor sau a reprezentanţilor legali, a persoanelor fără adăpost şi procedează la încredinţarea acestora serviciului public de asistenţă socială în vederea soluţionării problemelor acestora, în condiţiile legii;

e) constată contravenţii şi aplică sancţiuni, potrivit competenţei, pentru nerespectarea legislaţiei privind regimul de deţinere a câinilor periculoşi sau agresivi, a celei privind programul de gestionare a câinilor fără stăpân şi a celei privind protecţia animalelor şi sesizează serviciile specializate pentru gestionarea câinilor fără stăpân despre existenţa acestor câini şi acordă sprijin personalului specializat în capturarea şi transportul acestora la adăpost;

f) asigură protecţia personalului din aparatul de specialitate al primarului/primarului general, din instituţiile sau serviciile publice de interes local la efectuarea unor controale ori acțiuni specifice;

g) participă, împreună cu alte autorități competente, la asigurarea ordinii și liniștii publice cu ocazia mitingurilor, marșurilor, demonstrațiilor, procesiunilor, acțiunilor de pichetare, acțiunilor comerciale promoționale, manifestărilor cultural-artistice, sportive, religioase sau comemorative, după caz, precum și a altor asemenea activități care se desfășoară în spațiul public și care implică aglomerări de persoane;

h) asigură paza bunurilor și obiectivelor aflate în proprietatea unității/subdiviziunii administrativ-teritoriale și/sau în administrarea autorităților administrației publice locale sau a altor servicii/instituții publice de interes local, stabilite de consiliul local/Consiliul General al Municipiului București;

i) constată contravenții și aplică sancțiuni pentru nerespectarea normelor legale privind conviețuirea socială stabilite prin legi sau acte administrative ale autorităților administrației publice centrale și locale, pentru faptele constatate în raza teritorială de competență;

j) execută, în condițiile legii, mandatele de aducere emise de organele de urmărire penală și instanțele de judecată care arondează unitatea/subdiviziunea administrativ-teritorială, pentru persoanele care locuiesc pe raza de competență;

k) participă, alături de Poliția Română, Jandarmeria Română și celelalte forțe ce compun sistemul integrat de ordine și siguranță publică, pentru prevenirea și combaterea infracționalității stradale;

l) cooperează cu centrele militare zonale în vederea înmânării ordinelor de chemare la mobilizare și/sau de clarificare a situației militare a rezerviștilor din Ministerul Apărării Naționale;

m) asigură măsuri de protecție a executorilor judecătorești cu ocazia executărilor silite;

n) acordă, pe teritoriul unităților/subdiviziunilor administrativ-teritoriale, sprijin imediat structurilor competente cu atribuții în domeniul menținerii, asigurării și restabilirii ordinii publice.

Serviciul Român de Informații (SRI) este o altă autoritățile a statului care colaborează eficient cu toate structurile din cadrul Ministerului Afacerilor Interne în scopul descoperirii și anihilării tuturor amenințărilor la adresa siguranței naționale a României. O astfel de amenințare este și traficul de substanțe stupefiante.

Potrivit art. 2 din legea nr. 14/1992, Serviciul Român de Informații organizează și execută activități pentru culegerea, verificarea și valorificarea informațiilor necesare cunoașterii, prevenirii și contracarării oricăror acțiuni care constituie, potrivit legii, amenințări la adresa siguranței naționale a României.

Pentru o mai eficientă acțiune împotriva flagelului pe care îl constituie traficul și consumul de droguri Guvernul României a emis Hotărârea nr. 784/2013 privind aprobarea **Strategiei naționale antidrog 2013-2020** și a Planului de acțiune în perioada 2013-2016 pentru implementarea Strategiei naționale antidrog 2013-2020.

Conform capitolului nr. V al anexei nr. 1 din cadrul Strategiei naționale antidrog au fost definite următoarele obiective, care abordează integrat reducerea cererii și ofertei de droguri, concomitent cu dezvoltarea coordonării, cooperării internaţionale, cercetării, evaluării şi informării în domeniu, astfel:

1. reducerea cererii de droguri, prin consolidarea sistemului naţional integrat de prevenire şi asistenţă, în concordanţă cu evidenţele ştiinţifice, ce cuprinde totalitatea programelor, proiectelor şi intervenţiilor universale, selective şi indicate de prevenire implementate în şcoală, familie şi comunitate, precum şi intervenţiile de identificare, atragere şi motivare a consumatorilor de droguri în vederea furnizării de servicii de asistenţă specializată ce au ca finalitate integrarea socială;

2. reducerea ofertei de droguri prin identificarea şi destructurarea reţelelor de trafic, reducerea disponibilităţii drogurilor pe piaţă şi utilizarea eficientă a sistemului de aplicare a legii, concomitent cu dezvoltarea unor mecanisme instituţionale de monitorizare şi control, coordonare şi adaptate nevoilor actuale şi situaţiei reale a fenomenului şi care să susţină în mod viabil măsurile de luptă împotriva acestuia;

3. coordonarea în domeniul drogurilor, urmăreşte asigurarea unui concept unitar de acţiune în domeniul problematicii drogurilor şi precursorilor, monitorizarea implementării politicilor naţionale în domeniul drogurilor, utilizarea eficientă a resurselor şi maximizarea rezultatelor intervenţiilor realizate;

4. în domeniul cooperării internaţionale, se urmăreşte reafirmarea angajamentului României, asumat prin documente internaţionale şi prin cele bilaterale sau multilaterale la care ţara noastră este parte şi consolidarea poziţiei ca partener activ în efortul mondial de reducere a cererii şi ofertei de droguri precum şi a traficului de precursori;

5. îmbunătățirea nivelului de cunoaștere a problematicii drogurilor la nivel național pornind de la evidențe științifice, prin monitorizare, cercetare și informare.

Direcțiile de acțiune stabilite în cadrul Strategiei Naționale Antidrog sunt următoarele:

· reducerea cererii de droguri;

· reducerea ofertei de droguri;

· coordonare,

· cooperare internațională;

· cercetare, evaluare, informare.

Obiectivele specifice propuse în cadrul Strategiei Naționale Antidrog sunt de natură a genera până în anul 2020 un impact favorabil asupra sănătății și incluziunii sociale, ordinii și siguranței publice. În acest sens planurile de acțiune aferente strategiei detaliază și stabilesc concret măsurile și intervențiile din domeniul reducerii și ofertei drogurilor, coordonării, cooperării internaționale, cercetării, evaluării și informării pornind de la o abordare coerentă și eficientă.

6.2 Organizații internaționale

Datorită faptului că drogurile constituie un flagel al lumii moderne, țările lumii au simțit nevoia ca lupta contra acestei amenințări să fie asumată și dusă în mod organizat, sens în care au fost create mai multe organisme și organizații internaționale, printre cele mai cunoscute în lupta împotriva consumului și traficului de substanțe stupefiante fiind:

A. OFICIUL NAȚIUNILOR UNITE PENTRU DROGURI ȘI CRIMINALITATE (UNODC) este liderul mondial în lupta împotriva traficului ilicit de droguri și a criminalității internaționale. Având sediul central la Viena, UNODC se bazează pe contribuții voluntare, în principal susțineri guvernamentale, care reprezintă aproximativ 90% din bugetul său.

Misiunea sa este să asiste statele membre în lupta împotriva traficului ilicit de droguri, a crimei și terorismului. Acțiunile UNODC sunt destinate să contribuie la realizarea următoarelor obiective:

– o mai bună pregătire a guvernelor în îndeplinirea și implementarea propriilor obligații, asumate prin tratatele internaționale, în special printr-o cooperare judiciară, prevenire și monitorizarea măsurilor stabilite împotriva producției ilicite de droguri, traficului de ființe umane, precum și alte forme ale criminalității organizate, spălări de bani, corupție și terorism;

– o mai bună angrenare a societății civile și a opiniei publice în acțiuni împotriva traficului ilicit de droguri și a criminalității printr-o mai bună prevenire și înțelegere a riscurilor asociate acestor probleme;

– stabilirea politicilor și strategiilor naționale, pe baza unei cunoașteri întemeiate referitoare la traficul ilicit de droguri, criminalitate și terorism.

B. COMISIA NAȚIUNILOR UNITE PRIVIND STUPEFIANTELE – CND (COMMISSION ON NARCOTIC DRUGS). A fost creată în 1946 și este principalul organism inter-guvernamental de luare a deciziilor în ceea ce privește controlul internațional al drogurilor. Este constituită din 53 de state ai căror reprezentanți se întâlnesc anual la Viena, analizează situația mondială a consumului de droguri și face propuneri în vederea întăririi controlului internațional în acest domeniu și evaluează modul în care statele aduc la îndeplinire angajamentele asumate prin instrumentele juridice internaționale în domeniul controlului drogurilor.

C. CONSILIUL INTERNAȚIONAL PRIVIND CONTROLUL STUPEFIANTELOR (INTERNATIONAL NARCOTICS CONTROL BOARD) reprezintă structura independentă de monitorizare a implementării convențiilor internaționale ONU privind drogurile.

D. INTERPOL, cu sediul la Lyon/Franța, este o organizație internațională interguvernamentală, creată în 1923, România numărându-se printre membrii săi fondatori, care reunește 188 state de pe toate continentele și contribuie la întărirea cooperării și a schimbului de informații operative grație sistemului său mondial de comunicații polițienești I-24/7.

Principalele patru inițiative ale organizației în domeniul luptei antidrog sunt:

– <u>alertele drog</u> – au ca obiect informarea serviciilor de aplicare a legii din țările membre despre cazuri sau metode de operare deosebite;

– <u>buletinul săptămânal pe droguri</u> – un rezumat al confiscărilor importante de droguri realizate în lume;

– <u>buletinul de informații privind drogurile</u> – care prezintă o sinteză a tendințelor traficului de droguri și evoluția acestuia în diferite regiuni ale lumii;

– <u>sprijinul operațional</u> – prin furnizarea de informații asupra unor activități precise ale rețelelor de traficanți de droguri. Un rol important în acest sens revine notiţelor internaţionale de urmărire emise pentru traficanţii de droguri căutaţi de ţările membre în vederea arestării.

E. ORGANIZAŢIA MONDIALĂ A SĂNĂTĂŢII – agenţia specializată a Naţiunilor Unite pentru sănătate, a fost creată la 7 aprilie 1948. Organizaţia Mondială a Sănătăţii joacă un rol important în adoptarea unor măsuri profilactice pentru prevenirea şi combaterea abuzului de droguri şi în elaborarea unor metode de tratament aplicat drogodependenţilor.

F. GRUPUL POMPIDOU (înfiinţat în 1971 şi încorporat în Consiliul Europei în anul 1980) este o organizaţie interguvernamentală, alcătuită din 36 de state membre (între care şi România, care a aderat la Grup prin Legea nr. 64 din 23 martie 2005). Grupul adoptă o abordare multidisciplinară, împreună cu toate sectoarele implicate în efortul de reducere a abuzului de droguri, inclusiv sănătate, asistenţă socială, educaţie, justiţie, cadru legislativ, sport şi tineret.

Din 1991, cooperarea tehnică a fost extinsă şi la ţările din centrul şi estul Europei care nu sunt membre ale grupului. În plus, state, precum Canada şi USA au fost de asemenea invitate să participe la activităţile Grupului.

Grupul Pompidou are, la nivelul experţilor, 6 platforme (grupuri) de lucru: Platforma de Tratament, Platforma de Cercetare, Platforma de Etică, Platforma de Prevenire, Platforma de Justiţie Penală şi Platforma Aeroporturi.

Agenţia Naţională Antidrog are competenţe pe toate platformele menţionate mai sus, mai puţin pe cea privind aeroporturile, unde competenţele sunt deţinute de Inspectoratul

General al Poliţiei Române, Inspectoratul General al Poliţiei de Frontieră şi Autoritatea Naţională a Vămilor.

G. EUROPOL sau Oficiul european de poliţie, creat prin actul Consiliului european din 26 iulie 1995, cunoscut sub denumirea de „Convenţia Europol", intrată în vigoare la 1 mai 1999, are ca obiectiv ameliorarea, prin măsurile prevăzute în convenţie, în cadrul cooperării între Statele membre, a eficacităţii serviciilor naţionale competente în ceea ce priveşte, între altele, prevenirea şi lupta împotriva traficului ilicit de droguri, şi a spălării banilor proveniţi din aceste infracţiuni. Prin Legea nr. 197 din 25 mai 2004, a fost ratificat Acordul de cooperare dintre România şi Europol, semnat la Bucureşti, la 25 noiembrie 2003. În cursul anului 2005, în conformitate cu termenii acestui acord, ţara noastră a trimis un ofiţer de legătură la sediul Europol de la Haga. Începând cu 1 ianuarie 2010, EUROPOL devine Agenţie Europeană.

H. OBSERVATORUL EUROPEAN DE DROGURI ŞI TOXICOMANIE (OEDT / EMCDDA) – înfiinţat în 1993, cu sediul la Lisabona / Portugalia, are ca obiectiv obţinerea şi furnizarea către instituţiile Uniunii Europene şi ale statelor membre, a unor informaţii referitoare la droguri şi la dependenţa de acestea, precum şi la consecinţele acestora. Centrul are ca responsabilităţi colectarea datelor, prin intermediul unei reţele europene de informaţii privind drogurile (REITOX), analiza acestora, îmbunătăţirea metodelor de comparare a datelor statistice, diseminarea datelor şi cooperarea cu organismele şi organizaţiile europene şi internaţionale, precum şi cu serviciile de profil din terţe ţări. Procesarea statistică, documentară şi tehnică (folosind instrumente de lucru standard – indicatori, tabele standard, chestionare structurate, rapoarte naţionale) a informaţiilor astfel colectate este de natura să ofere Statelor Membre o imagine de ansamblu a situaţiei drogurilor atunci când, în domeniul lor de competenţă, reprezentanţii acestora adoptă decizii şi măsuri pentru diminuarea efectelor drogurilor.

Ca elemente importante ale structurii OEDT menţionăm Cabinetul Directorului, Consiliul de Administraţie şi Comitetul ştiinţific. Consiliul de administraţie este organismul la nivelul căruia se adoptă deciziile, fiind format din reprezentanţii fiecărui stat membru, doi reprezentanţi ai Comisiei Europene şi doi experţi cu calificare înaltă în domeniul drogurilor desemnaţi de Parlamentul European. Prezenţa reprezentanţilor tuturor statelor membre UE este o garanţie că, în procesul de luare a deciziilor, sunt respectate în mod egal interesele tuturor statelor implicate. Consiliul de administraţie este format din preşedinte şi vicepreşedinte (aleşi pentru o perioadă de trei ani), câte un reprezentant din fiecare stat membru, doi reprezentanţi ai Comisiei Europene, doi experţi independenţi desemnaţi de Parlamentul European şi câte un reprezentant al fiecărei ţări care a încheiat un acord de cooperare cu OEDT.

I. REITOX (Reţeaua Europeană Informaţională cu privire la Droguri şi Toxicomanie / Reţeaua Europeană a Punctelor Naţionale Focale Privind Drogurile)

În prezent, Observatorul European de Droguri şi Toxicomanie cu sediul la Lisabona coordonează o reţea de puncte naţionale focale, stabilite în cele 27 state membre, Norvegia, Comisia Europeană şi ţările candidate.

Fiecare dintre aceste puncte naționale focale constituie împreună Rețeaua Europeană de Informații cu privire la Droguri și Dependență de Droguri (REITOX). Această rețea acționează ca un instrument practic de colectare și schimb de date. în această activitate, Observatorul european are ca partenere mai multe organisme și organizații, cum ar fi: Interpol, Europol, Grupul Pompidou al Consiliului Europei, UNDCP, Organizația Mondială a Sănătății și altele.

Un instrument de lucru deosebit de util de care dispune REITOX este Baza europeană de date în domeniul legislativ cu privire la droguri, care este o arhivă legislativă online, conținând normativele în materie aflate în vigoare atât ale statelor membre, cât și ale țărilor candidate.

J. GRUPUL ORIZONTAL DE LUCRU PRIVIND DROGURILE (HDG) este o structură specializată a Uniunii Europene creată, în anul 1997, sub autoritatea Consiliului, pentru a asigura coordonarea pe orizontală a activității în domeniul drogurilor. Grupul se întrunește la interval de aproximativ o lună, în componența sa intrând reprezentanți ai Statelor Membre cu expertiză în domeniu, desemnați de autoritățile naționale competente. Ședințele sunt conduse de reprezentantul țării care deține președinția Uniunii în perioada respectivă.

K. GRUPUL DUBLIN (GD) este un grup de lucru informal fără personalitate juridică, ai cărui membri se reunesc periodic în vederea îndeplinirii a trei obiective majore: analiza și schimbul de informații cu relevanță în problemele internaționale legate de droguri, elaborarea de recomandări către Statele membre sau partenere pentru rezolvarea lor și căutarea de modalități de coordonare a răspunsului față de problemele identificate.

Grupul Dublin este o inițiativă extinsă care include statele membre ale Uniunii Europene, Norvegia, Statele Unite, Canada, Australia, Japonia, Comisia Europeană și UNODC. Atunci când este necesar, la lucrările Grupului pot participa reprezentanți ai altor organizații și organisme internaționale sau regionale, cum ar fi: Observatorul European de Droguri și Toxicomanie, Grupul Pompidou, Europol, Organizația Internațională de Poliție Criminală – Interpol, Organizația Mondială a Vămilor, Organizația Mondială a Sănătății, UNESCO, Organizația Internaționala a Muncii, Comisia Interamericană pentru Controlul Abuzului de Droguri sau Banca Mondială.

Structura

Grupul Dublin este structurat pe trei nivele: nivelul central, birouri regionale și nivelul local.

Grupul Dublin la nivel central este alcătuit din miniștri de externe, sau corespondenții lor, ai Statelor membre și reprezentanții Comisiei UE și UNODC. Președinția Grupului se schimbă, în principiu, la fiecare doi ani, poate fi reînnoită o singură dată și ar trebui să alterneze între statele membre UE și celelalte țări. Componenta administrativă a activității Grupului central este asigurată de Secretariatul Consiliului Uniunii Europene.

Pentru sporirea eficienței, Grupul împarte activitatea sa la nivel internațional în regiuni geografice (aproximativ 10-11, configurația lor putând fi modificată dacă este necesar). Pentru regiunea Europa de Est și Caucaz, din care face parte România, Președinția regională este asigurată de România și Polonia.

Pe lângă Grupul Dublin la nivel central există o multitudine de așa-numite „grupuri mini-Dublin", numărul lor actual fiind mai mare de 70. Alcătuite din reprezentanți ai acelorași state, dar la nivel local, acestea sunt stabilite în diverse țări ale lumii, mai puțin în statele membre ale Grupului. Cel mult unul pentru fiecare stat-gazdă, grupurile mini-Dublin sunt compuse din reprezentanți ai misiunilor Statelor membre ale Grupului pe lângă țara respectivă, ai Delegației Comisiei europene și ai UNODC, acolo unde acestea există. Ele sunt coordonate, pe perioada celor doi ani, de ambasadorul statului care deține Președinția regiunii respective.

Activități

Fiind structurat pe trei nivele, este firesc ca și activitatea Grupului Dublin să se desfășoare pe trei paliere distincte, respectiv central, regional și local. La nivel central, au loc întâlniri, cu participarea tuturor membrilor, care vizează în primul rând probleme generale ce necesită decizii comune, între care și propunerile înaintate de birourile regionale sau grupurile mini-Dublin. Concluziile și recomandările sunt transmise acestora din urmă prin intermediul birourilor regionale. Nivelul regional este răspunzător de analiza situației din regiune, dezvoltarea de orientări și, acolo unde se impune, adoptarea de inițiative. La nivel local, principalele atribuții ale grupurilor mini-Dublin, vizează culegerea de date privitoare la situația particulară din zona și transmiterea lor prin intermediul rapoartelor periodice, facilitarea implementării politicilor pe droguri și a acordării de asistență, promovarea dialogului cu reprezentanții autorității de stat asupra problematicii drogurilor, emiterea de recomandări şi implementarea liniilor directoare stabilite la nivel central sau regional.

L. ELISAD – ASOCIAŢIA EUROPEANĂ A BIBLIOTECILOR ŞI SERVICIILOR DE INFORMARE CU PRIVIRE LA ALCOOL ŞI ALTE DROGURI este o organizaţie non-profit fondată în anul 1988. Este o reţea ce cuprinde atât persoane, cât şi instituţii şi are în componenţă mai mult de 50 de membri din diverse ţări europene. ELISAD organizează reuniuni, servicii şi activităţi. Obiectivul principal al ELISAD este să faciliteze schimbul de idei şi experienţă între cei care lucrează în domeniul alcoolului şi al altor droguri.

ELISAD reprezintă mijlocul prin care bibliotecile şi serviciile de informare europene din domeniu îşi pot elabora obiectivele, pot să-şi exercite influenţa ca grup, pot să-şi protejeze interesele şi să identifice soluţii la problemele globale. Susţine bibliotecile şi serviciile de informare din ţările aflate în curs de dezvoltare.

Activităţile Asociaţiei sunt următoarele:

– organizarea de conferinţe – cel puţin o dată pe an în diferite oraşe în Europa – care vizează probleme legate de informare şi documentare în domeniul alcoolului şi a altor substanţe de abuz. Această activitate include solicitarea, analiza şi acceptarea de invitaţii, precum şi participarea la procesul de elaborare a programelor.

– să reprezinte un Punct European Focal pentru informare şi un forum de discuţie şi instruire în concordanţă cu noile tendinţe apărute în domeniul profesiei de bibliotecar.

– producerea şi actualizarea unei agende / liste a serviciilor europene de informare specializate în domeniu.

– crearea unor centre de informare şi elaborarea de publicaţii pentru a întări reţeaua de membri.

– îmbunătăţirea legăturilor între specialiştii în date şi cercetătorii sau alte persoane real interesate să colecteze date referitoare la alcool şi droguri.

Calitatea de membru al asociaţiei poate fi dobândită de biblioteci, centre de informare, servicii de informare, instituţii şi persoane fizice cu atribuţii legate de cele menţionate anterior.

Membrii asociaţiei pot fi de două tipuri: membri cu drepturi depline sau membri asociaţi.

Pot deveni membri cu drepturi depline persoanele fizice şi juridice interesate de serviciile de informare şi documentare cu privire la alcool şi alte droguri şi care lucrează în arealul geografic al Europei.

Statutul de membru asociat poate fi dobândit de persoane fizice şi juridice din Europa care nu lucrează în domeniul menţionat.

Prin Hotărârea de Guvern nr. 547 din 2006, Agenţia Naţională Antidrog a devenit membru cu drepturi depline al ELISAD-ului. În decembrie 2005, ANA a semnat Acordul prin care devine Partener Asociat în Proiectul ELISAD GATEWAY PROJECT 2005-2007. Proiectul se derulează sub egida Comisiei Europene şi este coordonat de către TOXIBASE.

M. FESAT sau FUNDAŢIA EUROPEANĂ DE HELP-LINE este o reţea europeană formată din peste 50 de servicii de consiliere telefonică ale statelor membre U.E. privind prevenirea şi combaterea consumului ilegal de droguri şi substanţe stupefiante.

Rețeaua are un Birou Permanent la Bruxelles, care coordonează activitatea Fundației (FESAT), astfel scopul rețelei este dezvoltarea cooperării internaționale și inter-culturale, fiind activ sprijinită de către Comisia Europeană.

Astfel, FESAT a devenit o prezență vizibilă și puternică în Planul European de Prevenire a consumului de Droguri, oferind schimb de experiență pentru experți, sesiuni de formare, grupuri de lucru pe tematici specifice consumului de droguri, materiale privind modul de comunicare al informațiilor.

Rețeaua FESAT este formată dintr-un număr de 55 de servicii telefonice helpline, țări membre UE și Non-UE. Există la nivel de conducere un Bord Administrativ, responsabil cu coordonarea activităților administrative, logistice și financiare.

Membrii FESAT sunt: Austria, Belgia, Bosnia, Cipru, Republica Cehă, Elveția, Finlanda, Franța, Germania, Grecia, Ungaria, Irlanda, Italia, Letonia, Malta, Marea Britanie, Norvegia, Olanda, Portugalia, Rusia, Spania.

Prin Hotărârea de Guvern nr. 1543 din 9 decembrie 2009 privind aprobarea plății contribuției anuale pentru participarea Inspectoratului General al Poliției Române, prin Agenția Națională Antidrog, la Fundația Europeană Helpline (FESAT), România devine membru FESAT.

7. MODALITĂŢI DE COMBATERE A CONSUMULUI DE DROGURI

În ce priveşte reacţia statului cu privire la amploarea consumului şi traficului de droguri în România, actorii decizionali au considerat ca fiind imperios necesară adoptarea de instrumente de lucru specifice domeniului drogurilor, sub forma documentelor politice sau strategiilor menite să ofere un cadru legal unitar instituţiilor cu atribuţii în domeniul prevenirii şi combaterii acestui flagel. Astfel, cele două strategii naţionale antidrog şi planurile lor de acţiune, elaborate după modelul european, au constituit principalele instrumente de direcţionare a politicii antidrog pentru perioadele 2003-2004 şi 2005-2012, stabilind măsuri/activităţi ce au vizat reducerea cererii şi ofertei de droguri, întărirea cooperării internaţionale şi dezvoltarea unui sistem global integrat de informare, evaluare şi coordonare privind fenomenul drogurilor. Ca şi în anii precedenţi, în materia criminalităţii organizate, ponderea statistică este deţinută de infracţiunile de trafic ilicit şi consum de droguri, prevăzute de Legea nr. 143/ 2000, la care, în cursul anului 2014, s-au adăugat, în principal, cu o cazuistică vastă reglementată de dispoziţiile Legii nr. 194/ 2011 privind combaterea operaţiunilor cu produse susceptibile de a avea efecte psihoactive, şi activităţile cu substanţele denumite generic „etnobotanice".

Fenomenul traficului şi consumului ilicit de droguri a înregistrat uşoare creşteri în România, având în vedere şi diversitatea substanţelor traficate şi apariţia de noi substanţe cu efecte psihoactive. Numărul total al cauzelor soluţionate în cursul anului 2014 a fost de 2.798 cauze, comparativ cu anul 2013 când s-au soluţionat 4.513 cauze, ceea ce reprezintă o scădere cu 38,00%.

Din totalul cauzelor soluţionate în cursul anului 2014, într-un număr de 476 cauze, au fost întocmite rechizitorii şi acorduri de recunoaştere a vinovăţiei, comparativ cu anul 2013, când au fost întocmite 484 rechizitorii (scădere cu 1,65%). S-a dispus trimiterea în judecată a unui număr de 1.245 inculpaţi, din care 685 inculpaţi în stare de arest preventiv, comparativ cu anul 2013, în care au fost trimişi în judecată 1.163 inculpaţi, din care 747 inculpaţi în stare de arest preventiv (inculpaţi trimişi în judecată – creştere cu 7,05%, inculpaţi în stare de arest preventiv – scădere cu 8,30%).

În cursul anului 2014 au fost indisponibilizate, în vederea confiscării şi distrugerii ulterioare, următoarele cantităţi şi tipuri de droguri:

– 787,72 kg droguri, 397.205 comprimate, 0,864 litri şi 509 doze, din care:

• droguri de mare risc: 141,45 kg, 390.205 comprimate, 773,7 ml. şi 509 doze;

• droguri de risc: 646,27 kg, 7.000 comprimate şi 90,3 ml.

Valoarea totală de drogurilor ridicate în vederea confiscării în anul 2014 se ridică la suma de 16 milioane euro.

Particularitățile manifestării acestui gen de infracționalitate sunt determinate, pe de o parte, de poziția geografică a României în raport cu rutele de traficare, devenite tradiționale și relativ stabile, utilizate de către grupările criminale pentru aprovizionarea piețelor ilicite a stupefiantelor, iar, pe de altă parte, de cererea specifică a pieței interne, condiționată îndeosebi de posibilitățile financiare ale consumatorilor de droguri.

Astfel, în cazul heroinei, România se află pe traseul „rutei balcanice", drogurile fiind transportate din Afganistan către statele din Europa de Vest, în special, Olanda și Marea Britanie. Grupările criminale sunt constituite, în principal, din cetățeni turci care au conexiuni infracționale și pe teritoriul țării noastre.

Piața internă este polarizată de consumatorii din București al căror număr este relativ stabil și este alimentată de grupurile infracționale ce au conexiuni cu grupurile infracționale din Turcia, pe segmentul de import și cu clanurile de etnie rromă pe segmentul de distribuție stradală.

În ceea ce privește cocaina, porturile românești de la Marea Neagră (cu precădere Constanța) reprezintă o alternativă considerată de traficanți ca fiind viabilă pentru introducerea în Europa a acestui tip de drog de mare risc provenit din America de Sud (în special Columbia, Bolivia, Peru și Venezuela). Piața internă de desfacere a cocainei reprezintă un segment distinct, determinat de prețul ridicat al acestui tip de drog. Transportul drogurilor se realizează pe cale maritimă, în cazul cocainei, iar pentru heroină, atât maritim, cât și rutier. De regulă, sunt folosite autovehicule aparținând unor societăți comerciale pentru realizarea de operaţiuni comerciale de import-export aparent de mărfuri în care sunt disimulate drogurile. În alte situaţii cantităţile relativ mici de heroină sunt transportate cu ajutorul unor autovehicule înmatriculate pe numele unor persoane fizice.

S-a constatat existenţa unei palete ample de metode de disimulare, pornind de la ascunderea drogurilor în diferite spaţii izolate sau special construite ori în ambalaje autentice de produse alimentare sau nealimentare şi până la impregnarea sau injectarea drogurilor în diverse bunuri. De asemenea, pentru transportul drogurilor au fost utilizate şi firme specializate în servicii de coletărie.

În cursul anului 2014, au fost capturate 25,79 kilograme heroină şi 34,09 kilograme cocaină. O altă captură semnificativă de droguri de mare risc realizată în anul 2014 a fost cantitatea de 75,40 kilograme de plante de khat, disimulate în 102 colete conţinând bame verzi (dosarul nr. 457/D/P/2014 al D.I.I.C.O.T. – Structura Centrală).

Referitor la traficul de droguri de risc, anchetele desfăşurate pe parcursul anului 2014 au evidenţiat o creştere semnificativă a operaţiunilor ilicite cu canabis, provenit atât din transporturi internaţionale (preponderent din Spania), cât şi din culturi realizate pe teritoriul ţării noastre. Astfel, au fost descoperite 74 de culturi ilegale de canabis, dintre care 42 indoor. Capturile realizate în cursul anului 2014 au constat în 145,04 kilograme de canabis, 15,21 kilograme rezină, 40,24 kilograme fragmente vegetale cu THC, 440,62 kilograme masă verde recoltată şi 2.432 bucăţi de plante de canabis.

Relativ la precursorii de droguri, România reprezintă o ţară de tranzit, în condiţiile în care substanţele care fac obiectul controlului provin, în special, din Asia şi au ca destinaţie Europa de Vest (îndeosebi Olanda şi Belgia), unde sunt utilizate la producerea drogurilor sintetice (cele mai des întâlnite fiind comprimatele ecstasy). Ulterior, drogurile sintetice sunt comercializate pe acelaşi traseu al „rutei balcanice", dar în sens invers celui de distribuire a heroinei, precum şi pe teritoriul ţării noastre.

În ceea ce priveşte traficul cu substanţe susceptibile de a avea efecte psihoactive (denumite generic şi „etnobotanice"), fenomenul infracţional a cunoscut o diminuare, ca urmare a intervenţiei legislative care a avut ca efect închiderea aşa-ziselor „magazine de vise" prin care se comercializau respectivele substanţe, precum şi datorită instituirii unui regim strict de autorizare a operaţiunilor cu aceste produse.

Cu toate acestea, segmentul de infracţionalitate în discuţie a continuat să se manifeste şi pe parcursul anului 2014, fiind înregistrate 411 dosare penale având ca obiect infracţiuni prevăzute de Legea nr. 194/2011, iar în 111 dintre cauze au fost emise soluţii de finalizare a urmăririi penale (20 de rechizitorii). De asemenea, au fost depistate 5 laboratoare clandestine de producere a substanţelor susceptibile de a avea efecte psihoactive. Totodată, au fost identificate 37 de noi substanţe cu potenţial psihoactiv.

În legătură cu instrumentarea acestui nou gen de cauze, menţionăm că, prin art. 232 din Legea nr. 187/2012 pentru punerea în aplicare a Legii nr. 286/2009 privind Codul penal (intrat în vigoare la 01.02.2014) au fost operate modificări ale normelor de incriminare din Legea nr. 194/2011 privind combaterea operațiunilor cu produse susceptibile de a avea efecte psihoactive, fiind, între altele, reduse limitele de pedeapsă. Consecința acestor modificări, prin raportare la dispozițiile procesual penale din capitolul IV al Codului de procedură penală, constă în imposibilitatea utilizării în anchete a metodelor speciale de supraveghere sau cercetare prevăzute în art. 138 lit. a-g din Codul de procedură penală, împrejurări care sunt de natură a diminua semnificativ potențialul de administrare a probelor necesare.

Cetățenii români reprezintă în continuare o categorie vizată de grupările criminale pentru cărăușie, exploatându-se situația financiară precară a acestora. În anul 2014 au fost întâlnite cazuri de cetățeni români implicați în transportul de hașiș din Maroc în Spania, prin ingerare (înghițire).

Apreciem că activitatea de instrumentare a cauzelor având ca obiect traficul de droguri trebuie îmbunătățită prin atingerea următoarelor obiective:

– structurarea strategiei de anchetă, cu precădere, în scopul identificării tuturor membrilor grupurilor infracționale organizate și a stabilirii modului de operare utilizat, pentru a se crea premisele destructurării grupării infracționale, în ansamblul său, și nu doar înlăturarea unor membri aflați pe un palier inferior de execuție;

– instrumentarea cauzelor și din perspectiva conexității faptelor de trafic de droguri cu cele de corupție, având în vedere că, uneori, rezultă indicii privind coruperea de funcționari din rândul personalului vamal, al polițiștilor sau din cadrul Administrației Naționale a Penitenciarelor și chiar al magistraților;

– creşterea gradului de recuperare a produselor infracţiunilor de trafic de droguri, urmând a fi urmărite atât sumele de bani provenite în mod direct din săvârşirea acestui gen de fapte cât şi a resurselor financiare ascunse sau disimulate prin achiziţii de bunuri, în împrejurări specifice infracţiunilor de spălare a banilor, fiind utilizate, adeseori, persoane interpuse ca proprietari aparenţi;

– aplicarea mai eficientă a dispoziţiilor privitoare la confiscarea extinsă;

– întărirea cooperării judiciare internaţionale.

La nivelul Inspectoratului General al Poliţiei Române au fost efectuate mai multe studii de specialitate în ceea ce priveşte cantităţile de droguri confiscate, consumul de substanţe psihotrope (pe diferite categorii) şi preţul mediu pe piaţă al acestora, studii prezentate prin intermediul următoarelor grafice:

Tendinţe şi evoluţii – piaţa drogurilor

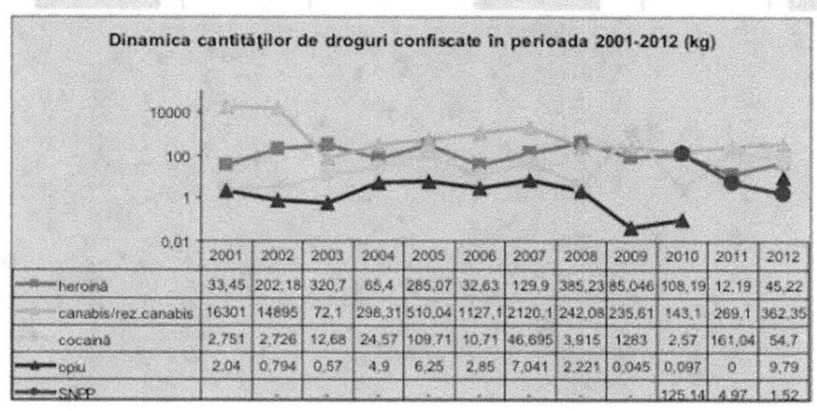

	2001	2002	2003	2004	2005	2006	2007	2008	2009	2010	2011	2012
heroină	33,45	202,18	320,7	65,4	285,07	32,63	129,9	385,23	85,046	108,19	12,19	45,22
canabis/rez.canabis	16301	14895	72,1	298,31	510,04	1127,1	2120,1	242,08	235,61	143,1	269,1	362,35
cocaină	2,751	2,726	12,68	24,57	109,71	10,71	46,695	3,915	1283	2,57	161,04	54,7
opiu	2,04	0,794	0,57	4,9	6,25	2,85	7,041	2,221	0,045	0,097	0	9,79
SNPP										125,14	4,97	1,52

Sursa: Laboratorul Central de Analiză şi Profil al Drogurilor - IGPR

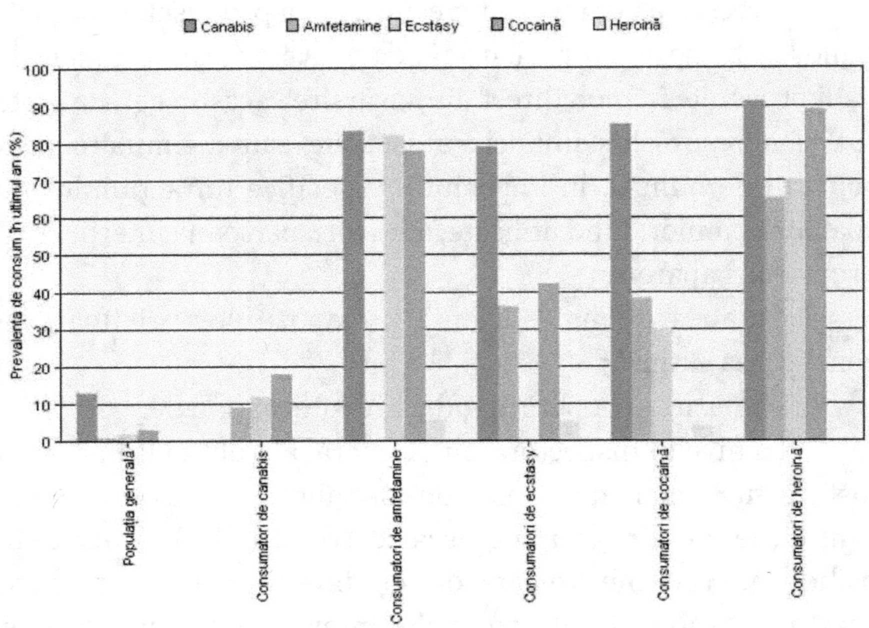

Evoluția prețului minim al drogurilor vândute cu ridicata, în perioada
2004-2012

Grafic nr. 10- 3: Evoluția prețului minim al drogurilor vândute cu ridicata, în perioada 2004-2012

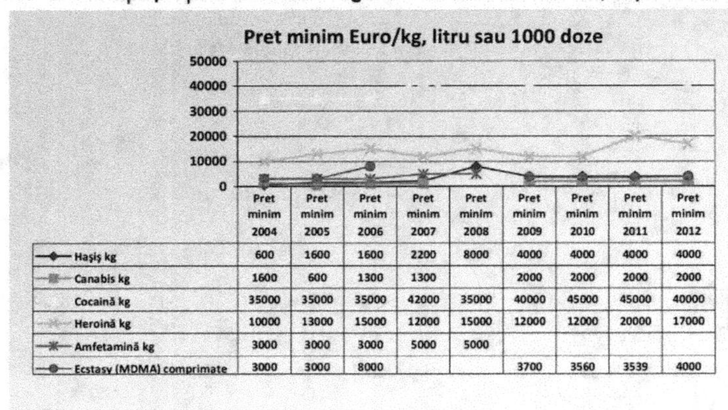

	Pret minim 2004	Pret minim 2005	Pret minim 2006	Pret minim 2007	Pret minim 2008	Pret minim 2009	Pret minim 2010	Pret minim 2011	Pret minim 2012
Hașiș kg	600	1600	1600	2200	8000	4000	4000	4000	4000
Canabis kg	1600	600	1300	1300		2000	2000	2000	2000
Cocaină kg	35000	35000	35000	42000	35000	40000	45000	45000	40000
Heroină kg	10000	13000	15000	12000	15000	12000	12000	20000	17000
Amfetamină kg	3000	3000	3000	5000	5000				
Ecstasy (MDMA) comprimate	3000	3000	8000			3700	3560	3539	4000

Sursa: Serviciul Antidrog IGPR

MODALITĂŢII DE COMBATERE A TRAFICULUI DE DROGURI

Prevenirea reprezintă un ansamblu de măsuri care se întreprind în domeniul educaţiei, condiţiilor de locuit şi de muncă, de consumare a timpului liber, de facilitare a comunicării, de modelare a comportamentului, de ameliorare a condiţiilor de mediu, în scopul diminuării (înlăturării) factorilor de risc şi de întărire a factorilor de protecţie.

TIPURI DE PREVENIRE

În prevenirea consumului de droguri se conturează programe în funcţie de caracteristicile grupului ţintă (anume faptul de a fi sau nu expus comportamentului de risc). Aceste programe pot fi grupate în mai multe categorii, respectiv prevenire primară, prevenire secundară şi prevenire terţiară.

Prevenirea primară se referă la:

▪ acţiuni de informare a grupului ţintă cu privire la efectele nocive ale drogurilor;

▪ formarea de abilităţi de auto-afirmare personală, având drept grup ţintă persoane, în special tinerii, care nu au fost expuse consumului de droguri.

Prevenirea secundară se adresează grupurilor / persoanelor ce prezintă un risc crescut pentru consumul de droguri, cei care, fie au experimentat deja, fie datorită particularităţilor socio-economice şi culturale ale mediului, sunt mai expuşi fenomenului (de exemplu, copiii consumatorilor de droguri).

Prevenirea terţiară se adresează consumatorilor de droguri şi are ca scop diminuarea riscurilor asociate consumului de droguri precum infestarea cu HIV, hepatită B și C și alte boli cu transmitere parentală.

Cea mai eficientă și mai de dorit formă de prevenire este cea primară. Cu cât intervenția este mai susținută în sfera prevenirii primare, cu atât rezultatele sunt mai elocvente și mai palpabile, costurile sociale sunt mai scăzute, iar beneficiile sociale sunt mai mari.

PRINCIPALELE STRATEGII ÎN PREVENIRE

Reducerea cererii = se referă la dezvoltarea de competențe individuale și sociale utile pentru dezvoltarea unei vieți fără o problematică legată de droguri (creșterea stimei de sine, informații corespunzătoare despre droguri și formele de consum, clarificarea valorilor, luarea deciziilor, generarea de alternative etc.). Astfel, acțiunile sunt orientate spre îmbunătățirea posibilităților de dezvoltare a unor stiluri de viață pozitive, sănătoase și autonome, care să faciliteze diferite căi de consolidare a propriei identități psihosociale, în care drogurile să nu formeze un pilon important.

Reducerea riscurilor asociate consumului de droguri = prevenirea drogo-dependenței va fi orientată atât către evitarea dependenței cât și a altor tulburări asociate. În acest sens trebuie incluse activitățile de depistare și control a patologiei organice și psihologice asociate consumului, dar și cele orientate către prevenirea infectării și transmiterii de boli infecțioase.

Reducerea ofertei de droguri și a promovării drogurilor = scăderea disponibilității și accesului drogurilor pe piața de consum. Cercetările au demonstrat faptul că există o corelaţie între creşterea disponibilităţii, creşterea consumului şi multiplicarea problemelor asociate.

Reducerea cererii – obiectiv general:

– conştientizarea şi implicarea întregii populaţii, în special a copiilor şi tinerilor, în programe de prevenire a consumului de droguri, universale, selective şi indicate, în scopul întăririi influenţei factorilor de protecţie şi al reducerii influenţelor factorilor de risc.

Prevenirea în şcoală – obiective specifice:

– dezvoltarea unor atitudini şi practici la nivelul întregii populaţii aflată într-o formă de învăţământ, prin intermediul programelor şcolare şi de petrecere a timpului liber, în scopul adoptării unui stil de viaţă sănătos, fără tutun, alcool şi droguri;

– creşterea influenţei factorilor de protecţie la vârste mici pentru evitarea sau cel puţin întârzierea debutului consumului de alcool, tutun şi droguri;

– sensibilizarea şi educarea populaţiei şcolare în scopul evitării consumului experimental / recreaţional de droguri şi trecerii de la acesta la cel regulat.

Prevenire în familie – obiective specifice:

– sensibilizarea, conştientizarea şi motivarea părinţilor în vederea implicării active, obiective şi corelate a acestora cu celelalte arii de intervenţie preventivă;

– oferirea de programe de prevenire care să permită părinţilor să devină activi în prevenirea consumului de droguri în cadrul familiei;

– dezvoltarea unor programe de formare a părinţilor în vederea creşterii influenţei factorilor de protecţie şi scăderii celor de risc în consumul de droguri.

Prevenire în comunitate – obiective specifice:

– iniţierea şi derularea de către autorităţile administraţiei publice locale a unor proiecte în parteneriat public / privat, de interes local, pentru protecţia comunităţilor proprii, cu sprijinul centrelor judeţene de prevenire, evaluare şi consiliere antidrog şi a Autorităţii Naţionale pentru Tineret;

– stimularea şi sprijinirea de către autorităţile publice locale, inclusiv financiar, a iniţiativelor organizaţiilor neguvernamentale ce desfăşoară activităţi de prevenire a consumului de droguri în comunităţile locale;

– elaborarea şi derularea programelor finanţate de la bugetul de stat pentru prevenirea consumului de droguri în arii regionale de interes diferenţiate în raport de numărul consumatorilor, preferinţele de consum, statutul ocupaţional, caracteristicile grupurilor de risc, particularităţi ale dezvoltării economice, turistice, de infrastructură, mediu etc.;

– iniţierea şi dezvoltarea unor proiecte şi programe adecvate în folosul comunităţilor locale, pentru consolidarea educaţiei civice, culturale şi spirituale, ce se constituie în alternativă de viaţă sănătoasă, cultivarea abstinenţei la consumul de droguri, inclusiv alcool şi tutun, încurajarea formării unui climat social care să împiedice stigmatizarea şi marginalizarea persoanelor afectate de consumul de droguri;

– crearea oportunităţilor şi stimularea participării mass-media la susţinerea, prin mijloace specifice, a programelor, proiectelor şi campaniilor antidrog;

– dezvoltarea de programe de informare şi conştientizare a întregii populaţii pentru dobândirea unei atitudini de toleranţă în scopul diminuării marginalizării şi stigmatizării consumatorilor de droguri precum şi a unei atitudini de responsabilitate în prevenirea consumului;

– dezvoltarea unui sistem de evaluare și monitorizare, integrat și individualizat al copiilor și tinerilor aflați în situații de risc care să favorizeze procesul de maturizare, integrare socială, educație și formare profesională;

– sensibilizarea, informarea și responsabilizarea tuturor mediilor de comunicare în masă în vederea transmiterii unor mesaje cu caracter preventiv bazate pe evidențe științifice;

– dezvoltarea unor programe de informare și educare adresate tuturor persoanelor aflate în serviciul militar, precum și a altor categorii profesionale ce implică responsabilitate și risc public;

– extinderea programelor de educație pentru promovarea unui stil de viață sănătos și pentru prevenirea consumului de droguri în rândul tuturor persoanelor aflate în penitenciare;

– îmbunătățirea prevederilor legislative pentru implementarea măsurilor de protecție antidoping a sportivilor;

– crearea și dezvoltarea unui sistem național integrat de servicii specializate de prevenire a consumului de droguri precum și a unui sistem național de formare profesională în domeniu, inclusiv elaborarea și validarea standardelor minime de calitate a serviciilor de prevenire.

<u>Asistență medicală, psihologică și socială</u> – obiective generale:

– consiliere individuală, familială sau de grup;

– consiliere psihologică și psihoterapie;

– intermedierea legăturii cu serviciile medicale specializate de tip cură și postcură;

– consiliere pe probleme de asistență socială;

– evaluarea medicală, psihologică şi sociala a persoanelor susceptibile de a fi consumat droguri şi înscrierea acestora în programe de tratament şi recuperare psiho-socio-profesională;

– prevenirea şi tratamentul bolilor asociate consumului de droguri;

– gestionarea tratamentelor de tip substitutiv cu metadonă.

8. DROGURILE VIITORULUI

KHAT

Khat (marijuana africană, kat, qat, chat, gat, graba, tohai, tschat, mirraa) este un derivat din planta „Catha Edulis", ce conține alcaloizi stimulanți de tip amfetaminic (cathina, cathidina sau cathinona), nocivi pentru organism. Are o eficacitate de scurtă durată, deci trebuie consumat la intervale mici.

În Africa de Est și Peninsula Arabiei, consumul de khat surclasează consumul de cafea. Frunzele sunt în general mestecate sau infuzate. Vândut sub formă de „păpușă", khat-ul este deseori consumat în colectivitate de așa-numiții „mâncători de salată". Se consumă cu apă, ceai, mentă sau o băutură gazoasă pentru a facilita înghițirea amestecului lichid.

Efecte:
Prima fază este euforică, o stare de excitație, stimulare și de mare locvacitate.

Apoi se instalează faza de iluzii și depresia, toropeala, insomnia, lipsa poftei de mâncare. Dacă dependența fizică față de khat este discutabilă, dependența psihică este certă.

În țările din Cornul Africii, folosirea khat-ului, legală sau tolerată, este un fenomen social. Majoritatea locuitorilor „pasc" khat. Repercusiunile economice și problemele de sănătate sunt

considerabile. Este responsabil de grave tulburări digestive, de boli cardiovasculare și de tulburări mentale ireversibile.

Procurorii DIICOT și polițiști au capturat (în anul 2015) 75 de kilograme de khat, cunoscut și sub numele de „marijuana africană". Drogurile au fost descoperite în 100 de colete care erau ascunse printre 500 de kilograme de legume. Potrivit sursei citate, două persoane au fost puse sub învinuire pentru trafic internațional de droguri, la fel și firma prin care s-a făcut importul.

Consumul acestui drog duce la grave probleme de sănătate: tulburări mentale și digestive, boli cardiovasculare. Traficanții vând în România marijuana africană cu 1200 de lire sterline pentru un kilogram. Cel mai mare consum de khat din Europa se înregistrează în Marea Britanie. Substanța stupefi-antă se consumă prin mestecare și efectele sunt similare celor ale efedrinei întrucât conține o amfetamină naturală.

DROJDIA ȘI THC-UL

Oamenii de știință germani au reușit să facă drojdia să producă THC. Acum urmează partea dificilă.

Cercetătorii de la Universitatea Tehnică din Dortmund au publicat un studiu în care își detaliază succesul proiectului – au reușit să modifice genetic ciuperca astfel încât să producă ingredientul activ principal din iarbă, visul tuturor fumătorilor de iarbă de peste zece ani. Întrebarea e dacă cineva va fi capabil să reproducă experimentul la scară largă, cât să merite efortul.

La fel ca în multe alte proiecte de biologie sintetică, cer-cetătorii au reușit să producă doar o cantitate mică de THC. Asta a fost problema și în cazul biocombustibilului și în cazul altor substanțe produse de bacterii sau ciuperci.

E o chestiune de scară de producție. Munca se face în universități sau întreprinderi mici. În California există o companie numită Amyris, care a înființat câteva fabrici de biologie sintetică în Brazilia. Compania a reușit să producă squalan, un tip de hidrocarbură folosită în produsele cosmetice, care se extrage, în mod tradițional, din ficatul de rechin.

„Am început să producem la o scară destul de mare, a zis Jack Newman, co-fondator al companiei Amyris. „Am învățat să programăm celulele și putem face materiale mai bune cu ajutorul biologiei sintetice.”

Acesta e scopul final și în cazul THC-ului, iar acest obiectiv a urmărit de Hyasynth Bio, o companie din Montreal care speră să vândă THC și alți canabinoizi creați cu ajutorul drojdiei.

„Cea mai mare provocare e să producem o cantitate cât mai mare, dar suntem specializați în asta”, mi-a zis Kevin Chen, CEO la Hyasynth. „Se tot vorbește despre morfina produsă de drojdie, dar ar fi nevoie de o cantitate de 400 000 de ori mai mare ca să poată fi folosită industrial.”

Chen speră ca Hyasynth să înceapă să sintetizeze THC și alți canabinoizi până la sfârșitul anului, dar în astfel de proiecte e greu de prezis rezultatul final. „Încă facem multe experimente de bază, iar țelul e același – să producem canabinoizi în drojdie”, a zis el.

Deși plantele de marijuana sunt eficiente în producerea de THC și alți canabinoizi, Chen spune că există loc și pentru un concurent sintetic. Odată ce echipa lui sau altcineva va reuși să spargă codul și să producă substanța în masă, se vor putea juca cu orice concentrații ale substanței, ceea ce ar putea duce la terapii targetate și la canabinoizi care să aibă efecte medicale, dar să nu ne spargă.

„Oamenii se gândesc mai mult la natura plantei decât la chimia ei", a zis el. „Dacă folosești doar planta, te limitezi într-un sens, pentru că se mai pot face multe cercetări despre cum reacționează canabinoizii diferiți cu corpul uman." Sună foarte promițător, dar încă nu e momentul să arunci bongul și foițele la gunoi.

GHB

Mai este cunoscut și sub numele de Ecstasy lichid sau lichid X. În doze reduse, GHB creează o stare de euforie, intensifică senzațiile de mișcare și auditive, libidoul și sociabilitatea. În doze mai mari, GHB poate induce amețeli, stări de greață, agitație, depresie, probleme de respirație, amnezie, pierdere a cunoștinței și chiar moarte. Efectele consumului de GHB durează între 1.5-3 ore sau mai mult în cazul în care se consumă doze mai mari și în combinație cu alcool.

În general, dozele folosite sunt între 500-3000 mg respectiv 0.5-3 ml lichid cu concentrația de 1 gram / 1 ml. Folosit ca drog recreativ GHB se găsește sub formă de pudră albă cristalină de sodiu sau potasiu sau sub formă de pudră de GHB dizolvată în apă formând o soluție limpede care are de obicei concentrația de 1 gram / 1 ml și o putere de două ori mai mare decât soluția de Xyrem care este varianta legală a drogului comercializată în farmacii pentru uz medical. Pudra de GHB dizolvată în apă prezintă un pericol crescut deoarece nu se cunoaște mereu concentrația exactă și prin urmare nu se știe doza exact de GHB care se consumă.

ICE

Denumirea se traduce „gheață" și a fost determinată de forma sub care se găsește și anume cristale asemănătoare ca aspect cu crack-ul dar mult mai toxic decât acesta. Considerat drogul viitorului în America, ICE este un stimulant foarte puternic al sistemului nervos determinând stări de euforie, entuziasm, invulnerabilitate. Spre deosebire de alte droguri, poate fi consumat și prin mestecare. Efectele durează între 8 și 24 de ore iar după trecerea acestora, determină stări de agresivitate, depresie, halucinații și probleme renale. Creează dependență foarte ușor.

KETAMINA

Ketamina se găsește sub formă de pudră sau lichid. Pudra este asemănătoare ca aspect cu cocaina, fiind cunoscută și sub denumirile de „Special K", „K", „Ket", „Kez", „Kezbar", „Ketso", „Horse", „Hoss", „Kezzle", „Kowbell" sau „Horse Tranqulizer". Poate fi consumată prin inhalare, injectată sau dizolvată în băuturi. Se poate consuma de asemenea prin fumare, de obicei amestecată cu marijuana sau tutun. Fumul are un gust amar distinctiv iar efectele se fac simțite mult mai repede decât în celelalte variante de consum.

Ketamina determină halucinații, modificări în percepția distanțelor, culorilor, timpului și în același timp încetinesc capacitatea sistemului vizual de a transmite creierului ceea ce consumatorul vede în acel moment. Sistemul auditiv este de asemenea afectat, consumatorul nefiind capabil să înțeleagă ce se vorbește și având uneori halucinații auditive. Ketamina produce o stare disociativă caracterizată prin impresia de părăsire a trupului şi detaşare faţă de forma fizică şi de lumea exterioară.

Odată cu procesul tehnologic se poate spune, în deplină cunoştinţă de cauză, despre faptul că viitorul drogurilor este sub forma unor substanţe sintetice, create în laboratoare clandestine de către chimişti tot mai pricepuţi, capabili să obţină droguri tot mai ieftine şi tot mai agresive, acestea creând dependenţă din prima clipă în care sunt consumate

9. POSTFAȚĂ

Corelat cu abordările științifice în domeniu, scopul asumat al politicilor preventive la nivel național a fost prevenirea, întârzierea debutului sau reducerea consumului de droguri și/sau a efectelor negative ale acestuia în cadrul populației generale sau a subpopulațiilor identificate ca fiind vulnerabile la risc. Astfel, toate demersurile tehnice concretizate în programe, proiecte și activități derulate la nivel național sau local, au fost subsumate obiectivelor tehnice globale de prevenire:

– întârzierea debutului consumului de droguri;

– promovarea comportamentelor de nonconsum;

– reducerea frecvenței și/sau cantității în cazul utilizării,

– prevenirea trecerii de la consumul recreațional de uz/abuz/dependență;

– prevenirea sau reducerea consecințelor negative ale consumului de droguri.

În acord cu documentele programatice și cu evidențele științifice, a continuat consolidarea sistemului național de prevenire a consumului de droguri, prin dezvoltarea de programe, proiecte şi intervenţii universale, selective şi indicate de prevenire implementate în şcoală, familie şi comunitate.

Majoritatea programelor de prevenire au avut ca obiectiv informarea, educarea şi conştientizarea populaţiei generale, şcolare şi grupurilor vulnerabile privind efectele consumului de alcool, tutun, droguri şi substanţe noi cu proprietăţi psihoactive, precum şi dezvoltarea unor atitudini şi practici în rândul acestor categorii de populaţie, prin orientarea grupurilor ţintă către activităţi recreaţionale dezirabile social, ca alternativă la consumul de droguri. În acelaşi timp, în perioada de referinţă au fost dezvoltate şi programe de prevenire orientate spre formarea şi consolidarea abilităţilor personale cu rol de factori de protecţie în prevenirea consumului de droguri (abilităţi de comunicare asertivă, gestionarea emoţiilor, gestionarea stresului şi agresivităţii, rezolvarea de probleme, abilitatea de a face faţă presiunii grupului, de adoptare a deciziilor etc.).

Concret, în principal prin strategii de dezvoltare sau consolidare a factorilor de protecţie, dar şi prin informarea şi conştientizarea asupra factorilor de risc, beneficiarii programelor de prevenire a consumului de droguri, selectaţi pe baza studiilor ştiinţifice, au fost abordaţi într-o manieră actuală şi coerentă, în scopul capacitării adaptării acestora la normele sociale, la condiţiile socio-economice şi culturale actuale, precum şi la influenţele pozitive/negative ale grupului de egali.

Modalităţile de prevenire şi combatere a traficului de droguri poate fi exprimată prin următoarea imagine:

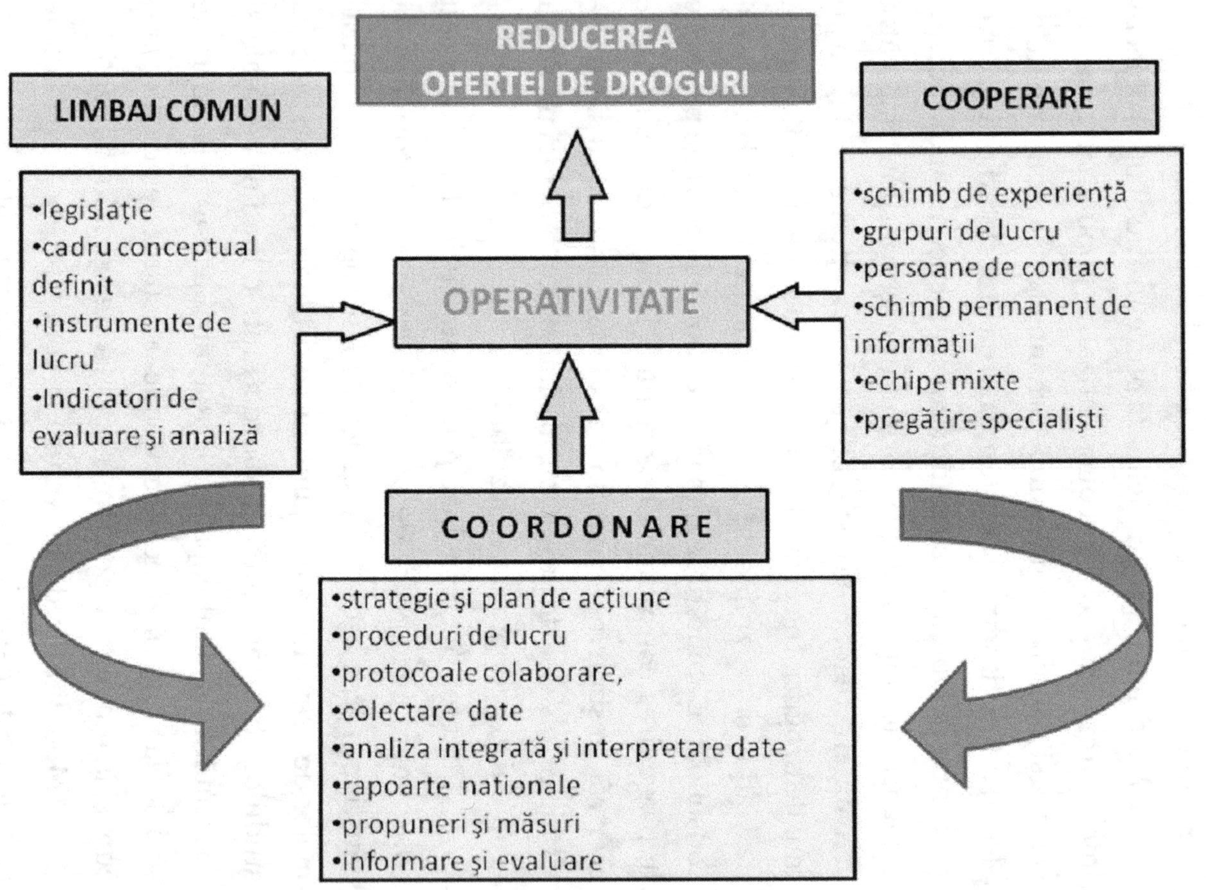
REDUCEREA OFERTEI DE DROGURI
LIMBAJ COMUN
•legislație
•cadru conceptual definit
•instrumente de lucru
•Indicatori de evaluare și analiză
OPERATIVITATE
COOPERARE
•schimb de experiență
•grupuri de lucru
•persoane de contact
•schimb permanent de informații
•echipe mixte
•pregătire specialiști
COORDONARE
•strategie și plan de acțiune
•proceduri de lucru
•protocoale colaborare,
•colectare date
•analiza integrată și interpretare date
•rapoarte nationale
•propuneri și măsuri
•informare și evaluare

Indiferent de abordarea pe care fiecare țară o are față de consumul de droguri, nicio regiune a lumii nu e scutită de implicațiile acestui fenomen. Participând la o masă rotundă cu reprezentanți ai statele membre, îți dai seama cât de adânci sunt rădăcinile unei rețele globale dezvoltate în economiile subterane, ca urmare a politicilor prohibitive, a cărei cifră anuală se ridică, potrivit Națiunilor Unite, la circa 320 de miliarde de dolari. „Statele trebuie să schimbe felul în care folosesc banii publici. Presiunea socială crește în zonele unde guvernele au politici deficitare în domeniul drogurilor. Sistemul actual este conceput să trateze lucrurile într-o schemă cognitivă din anii 80 și evoluția cere o revizuire urgentă a atitudinii, percepției, acțiunii," a declarat Venezuela, ilustrând o viziune în minoritate. Poziția Germaniei a arătat la rândul ei nevoia unei abordări noi, propunând mai degrabă o combatere a factorilor primari care determină multe populații vulnerabile să cultive în continuare coca și maci pentru opiu: sărăcia, lipsa dotărilor tehnice, lipsa piețelor și a resurselor, corupția și instabilitatea politică sunt probleme a căror soluționare ar atrage după sine și reducerea semnificativă a culturilor ilegale. Exemplul Peru-ului arată că abordarea asta ar putea funcționa în anumite cazuri. După ce a distrus 9.500 de hectare de coca, guvernul Peru-ului a implicat comunitatea locală, afectată major de analfabetism, sărăcie și amenințată de grupări locale teroriste, într-un proiect de agricultură unde coca a fost înlocuită de plantații legale de cacao și cafea.

În cele mai multe cazuri, luările de poziţie au constat în bilanţuri de arestări, capturi şi progrese în direcţia combaterii coercitive: Franţa a stabilit parteneriate public-private cu companii producătoare de substanţe, pentru a urmări deturnarea precursorilor şi pre-precursorilor pentru droguri sintetice, Israelul a început să monitorizeze Internetul, pentru combaterea cybertraficului, Japonia a crescut cooperarea la nivelul investigaţiilor internaţionale, iar Tailanda a confiscat în 2013 124 de milioane de pastile de metamfetamină. Indonezia a dezasamblat laboratoare clandestine şi a aplicat pedepse severe (traficul de droguri se pedepseşte în această ţară cu pedeapsa capitală), iar Tadjikistanul a înfiinţat programe de instruire a forţelor de ordine, a consolidat graniţele şi a antrenat un număr considerabil de câini poliţişti. Indiferent de statutul ţării, fie că e vorba de ţări producătoare, cum e cazul Afganistanului, de ţări de tranzit (Turcia, de pildă) sau de ţări consumatoare (cel mai adesea, ţările dezvoltate), consumul drogurilor e un fir roşu care traversează întreaga lume, în ciuda palmaresurilor politicii prohibitive. Atâta vreme cât lipseşte o politică unificatoare, orientată într-un sens constructiv, spre sănătate, educaţie, informare şi combaterea sărăciei, toate aceste ţări vor funcţiona ca un sistem de vase comunicante, adaptat să găsească subterfugii: legalizarea consumului în ţările dezvoltate va duce la creşterea ofertei din ţările sărace, laboratoarele vor crea constant noi substanţe care să le mimeze pe cele interzise. Numai în 2013, au fost sintetizate aproape 300 de noi substanțe, ritm cu care reglementarea nu poate ține pasul.

În ceea ce privește poziția României, coerentă la rândul ei cu direcția UE, a adus în discuție drepturile omului și „abordarea echilibrată", dar și criza din gestionarea noilor substanțe psihoactive și epidemia de HIV/SIDA, asociată consumului de droguri și lipsei unor programe ample de harm reduction. „Mai întâi, m-a amuzat/contrariat așezarea în spațiu a delegației României: între delegația Republicii Moldova și delegația Federației Ruse; apoi am realizat că e o pură coincidență alfabetică – ironic, totuși," spune Valentin Simionov, de la Romanian Harm Reduction Network, precizând însă că o simplă declarație nu este de ajuns. „Pentru ca declarația să nu fie doar o vorbă în vânt, ea trebuie susținută prin măsuri urgente: finanțarea serviciilor de prevenire HIV din fonduri publice și reformarea sistemului de control al drogurilor după principiile enunțate în fața membrilor ONU. Timpul zboară și, în lipsa acestor măsuri, societatea civilă e din ce în ce mai slăbită iar epidemia din ce în ce mai puternică. În ultimii trei ani, acoperirea programelor de schimb de seringi s-a redus la jumătate, în timp ce numărătoarea noilor cazuri HIV la consumatorii de droguri a ajuns la 616. Statul știe care sunt soluțiile, însă invocă lipsa de resurse, în condițiile în care costul prevenirii HIV este de 12 ori mai mic decât costul tratamentului. Nu resursele lipsesc, ci voința," arată Simionov.

Ţările europene rămân producători majori de amfetamine şi MDMA, deşi este posibil ca importanţa relativă a Europei să fi scăzut, deoarece producţia a crescut în alte părţi. De obicei, în fiecare an sunt detectate între 70 şi 90 de unităţi de producţie, acestea fiind în principal concentrate în câteva ţări din Europa de Vest şi de Est. Datele din domeniul de aplicare a legii sugerează că producţia drogurilor sintetice, inclusiv metamfetamina, poate să fi devenit mai sofisticată, seriile de producţie crescând în dimensiune prin utilizarea de reactoare mai mari, de echipamente industriale şi la comandă şi de unităţi mobile.

Creşterea dimensiunii seriilor de producţie tipice poate amplifica problema depozitării deşeurilor. În mod tipic, producţia unui kilogram de amfetamină sau MDMA generează aproximativ 15-20 de kilograme de deşeuri, inclusiv substanţe chimice toxice şi inflamabile care reprezintă un pericol pentru mediu. Costurile în daunele aduse mediului şi pentru curăţarea locurilor care au fost folosite pentru eliminarea ilegală a deşeurilor chimice generate prin producţia drogurilor sintetice pot fi considerabile.

Consumul unor substanţe psihoactive noi poate avea implicaţii importante de sănătate şi politică publică, dar monitorizarea tendinţelor emergente este o provocare considerabilă. Noile tipare ale consumului de droguri sunt dificil de detectat, deoarece, în mod tipic, ele apar pentru prima dată la niveluri scăzute şi în localităţi specifice sau în cadrul unor subgrupuri restrânse ale populaţiei. Puţine ţări au sisteme de monitorizare sensibile la acest tip de comportament, iar dificultățile metodo-logice ridicate de monitorizarea acestui tip de consum de droguri sunt considerabile.

Cu toate acestea, importanța identificării noilor amenin-țări potențiale este larg recunoscută și, drept răspuns direct la aceasta, Uniunea Europeană, prin Directiva Consiliului privind noile substanțe psihoactive, a elaborat un sistem de avertizare timpurie care furnizează un mecanism de răspuns rapid în cazul apariției unor noi substanțe psihoactive pe scena europeană a drogurilor.

Activitățile în sprijinul sistemului de avertizare timpurie reprezintă o parte importantă a activității OEDT și se încadrează într-o perspectivă mai largă de utilizare a unei largi varietăți de surse de date pentru îmbunătățirea promptitudinii și sensibili-tății sistemului european de monitorizare a drogurilor.

10. BIBLIOGRAFIE

√ Drogurile şi traficanţii de droguri, *Vasile Bercheşan şi Constantin Pletea*, Editura PARALELA 45, Piteşti, 1998

√ Rapoarte de activitate pe anii 2005-2014 ale Agenţiei Naţionale Antidrog

√ Rapoarte de activitate pe anii 2005-2014 ale DIICOT

√ Rapoarte de activitate pe anii 2000-2006 ale BCCO

√ www.ana.ro

√ www.diicot.ro

√ www.wikipedia.ro

√ Lefter, Aurora (coord.) (2009) – „Prevalenţa consumului de droguri în rândul elevilor din învăţământul preuniversitar din judeţul Buzău"
(http://www.ana.gov.ro/rom/index.php);

√ OEDT (2009) – Rezumat: Raportul ESPAD pe 2007, Luxemburg: Oficiul pentru Publicaţii Oficiale ale Comunităţilor Europene;

√ Preda, Marian, Buzducea Doru, Lazăr Florin, Grigoraş Vlad, (2009) – Situaţia tinerilor consumatori de droguri injectabile din România, în Sociologie Românească, vol. VII, nr. 2;

√ Organizația „Salvați Copiii" Consumul de droguri în rândul tinerilor din România: Raport de cercetare, București, 2005 – Ed. Speed Promotion;

√ Stoica Constantin, Anași Constantin, Ticu – Percepțiile și atitudinile consumatorilor de drog (studiu comparativ realizat în România și Republica Moldova) în Gilles, Ferreol – coord. (2000) – Adolescența și toxicomania, Iași: Polirom Legislație;

√ Legea 61/1991 pentru sancționarea faptelor de încălcare a unor norme de conviețuire socială, a ordinii și liniștii publice, modificată și republicată în Monitorul Oficial, Partea I nr. 77 din 31/01/2011;

√ Legea nr.143 din 26 iulie 2000 privind combaterea traficului și consumului ilicit de droguri, emitent Parlamentul României, publicată în Monitorul Oficial nr. 362/3 august 2000;

√ Legea nr. 125/2001 privind modificarea și completarea art. 1 din OUG nr. 55/1999 pentru interzicerea consumului produselor din tutun în sălile de spectacol și vânzarea produselor din tutun copiilor, emitent Parlamentul României, publicată în Monitorul Oficial nr. 170/04 aprilie 2004;

√ Legea nr. 656/2002 pentru prevenirea și sancționarea spălării banilor, emitent Parlamentul României, publicată în Monitorul Oficial nr. 904 din 12 decembrie 2002;

√ Legea nr. 39/2003 privind prevenirea și combaterea criminalității organizate, emitent Parlamentul României, publicată în Monitorul Oficial nr. 50 din 29 ianuarie 2003;

√ Legea nr. 552 din 30 noiembrie 2004 privind prevenirea și combaterea dopajului în sport, emitent Parlamentul României, publicată în Monitorul Oficial cu numărul 1215 din data de 17 decembrie 2004;

√ Legea nr. 522/2004 pentru modificarea și completarea Legii nr. 143/2000 privind combaterea traficului și consumului ilicit de droguri, emitent Parlamentul României, publicată în Monitorul Oficial nr. 1155 / decembrie 2004;

√ Legea nr. 339/2005 privind regimul juridic al plantelor, substanțelor și preparatelor stupefiante și psihotrope, emitent Parlamentul României, publicată în Monitorul Oficial nr. 1095 / 5 decembrie 2005;

√ Legea nr. 60/22.03.2006 pentru ratificarea Acordului dintre România și Confederația Elvețiană privind cooperarea în combaterea terorismului, criminalității organizate, a traficului ilicit de stupefiante, substanțe psihotrope și precursori, precum și a altor infracțiuni transnaționale, emitent Parlamentul României, publicată în Monitorul Oficial nr. 273/27.03.2006;

√ Legea nr. 495/28.12.2006 pentru ratificarea Convenției dintre România și Spania privind cooperarea în lupta împotriva criminalității, emitent Parlamentul României, publicată în Monitorul Oficial nr. 1051/29.12.2006;

√ Legea nr. 186/13.06.2007 pentru aprobarea Ordonanței de Urgență a Guvernului nr. 121/2006 privind regimul juridic al precursorilor de droguri, emitent Parlamentul României, publicată în Monitorul Oficial nr. 425/26.06.2007;

√ Legea nr. 214/02.07.2007 privind ratificarea Convenției de cooperare polițienească pentru Europa de Sud-Est, adoptată la Viena în data de 5 mai 2006, semnată de România la aceeași dată, emitent Parlamentul României, publicată în Monitorul Oficial nr. 475/16.07.2007;

√ Legea nr. 317/13.11.2007 pentru ratificarea Protocolului adiţional, semnat la Bucureşti la 29 septembrie 2006, la Scrisoarea de înţelegere dintre Guvernul României şi Guvernul Statelor Unite ale Americii privind controlul drogurilor şi aplicarea legii, semnată la Bucureşti la 3 iulie 2001, emitent Parlamentul României, publicată în Monitorul Oficial nr. 791/21.11.2007;

√ Legea nr. 222 din 28 octombrie 2008 pentru modificarea şi completarea Legii nr. 302/2004 privind cooperarea judiciară internaţională în materie penală, emitent Parlamentul României, publicată în Monitorul Oficial nr. 758 din 10 noiembrie 2008;

√ Legea nr. 286 din 17 iulie 2009 privind Codul Penal, emitent Parlamentul României, publicată în Monitorul Oficial, Partea 1, Nr. 510 din 24 iulie 2009;

√ Legea nr. 135 din 01 iulie 2010 privind Codul de Procedură Penală, emitent Parlamentul României, publicată în Monitorul Oficial, Partea I nr. 486 din 15/07/2010);

√ Hotărârea nr. 1.489 din 18 decembrie 2002 privind înfiinţarea Agenţiei Naţionale Antidrog, emitent Guvernul României, publicată în: Monitorul Oficial nr. 956 din 27 decembrie 2002;

√ Hotărârea nr. 80/19.01.2006 privind aprobarea Acordului de cooperare dintre Ministerul Administraţiei şi Internelor şi Ministerul Securităţii Publice din Republica Populară Chineză pentru prevenirea şi combaterea traficului şi consumului ilicit de substanţe stupefiante, psihotrope şi precursori, emitent Guvernul României, publicată în Monitorul Oficial nr. 106/03.02.2006;

√ Hotărârea nr. 352/16.03.2006 pentru aprobarea Protocolului dintre Inspectoratul General al Poliţiei de Frontieră Române din Ministerul Administraţiei şi Internelor şi Serviciul Grăniceri al Republicii Moldova privind schimbul de informaţii în scopul îndeplinirii misiunilor specifice, emitent Guvernul României, publicată în Monitorul Oficial nr. 278/28.03.2006;

√ Hotărârea nr. 1873/21.12.2006 pentru modificarea şi completarea HG nr. 1489/2002 privind înfiinţarea ANA, emitent Guvernul României, publicată în Monitorul Oficial nr. 8/05.01.2007;

√ Hotărârea nr. 664/27.05.2007 pentru aprobarea Acordului dintre Ministerul Internelor şi Reformei Administrative din România şi Serviciul Federal al Federaţiei Ruse pentru Controlul Traficului de Droguri privind cooperarea în combaterea traficului ilicit de stupefiante, substanţe psihotrope şi precursori, semnat la Bucureşti la 14 martie 2007, emitent Guvernul României, publicată în Monitorul Oficial nr. 488/ 20.07.2007;

√ Hotărârea nr. 358/26.03.2008, pentru aprobarea Regulamentului de aplicare a Ordonanţei de Urgenţă a Guvernului nr. 121/2006 privind regimul juridic al precursorilor de droguri, precum şi pentru modificarea Hotărârii Guvernului nr. 1489/ 2002 privind înfiinţarea Agenţiei Naţionale Antidrog, emitent Guvernul României, publicată în Monitorul Oficial nr. 269/ 04.04.2008;

√ Hotărârea nr. 1.101 din 18 septembrie 2008 privind aprobarea Programului de interes naţional de prevenire a consumului de tutun, alcool şi droguri, 2009-2012, emitent Guvernul

României, publicată în Monitorul Oficial nr. 672 din 30 septembrie 2008;

√ Hotărârea nr. 1.102 din 18 septembrie 2008 privind aprobarea Programului Național de asistență medicală, psihologică și socială a consumatorilor de droguri, 2009-2012, emitent Guvernul României, publicată în Monitorul Oficial nr. 675 din 1 octombrie 2008;

√ Hotărârea nr. 357 din 26 martie 2008 pentru aprobarea programelor naționale de sănătate în anul 2008, emitent Guvernul României, publicată în Monitorul Oficial nr. 249 din 31 martie 2008;

√ Hotărârea nr. 575 din 16 iunie 2010 pentru actualizarea anexei la Legea nr. 339/2005 privind regimul juridic al plantelor, substanțelor și preparatelor stupefiante și psihotrope, precum și a anexei la Legea nr.143/2000 privind prevenirea și combaterea traficului și consumului ilicit de droguri, publicată în Monitorul Oficial, Partea I, Nr. 509, din 22 iulie 2010;

√ Hotărârea nr. 1369 din 23 decembrie 2010, privind aprobarea Planului de Acțiune pentru implementarea Strategiei Naționale Antidrog în perioada 2010-2012, emitent Guvernul României, publicată în Monitorul Oficial nr. 38 din 17 ianuarie 2011;

√ Ordonanța de Urgență nr. 55/1999 pentru interzicerea publicității produselor din tutun în sălile de spectacol și interzicerea vânzării produselor din tutun minorilor;

√ Ordonanța de Urgență nr. 195 din 12 decembrie 2002 privind circulația pe drumurile publice, actualizată la data de 02.08.2007, republicată în Monitorul Oficial, Partea I, nr. 670 din 3 august 2006;

√ Ordonanţa de Urgenţă nr. 121/21 decembrie 2006 privind regimul juridic al precursorilor, publicată în Monitorul Oficial nr. 1039/28 decembrie 2006;

√ Ordinul ministrului internelor şi reformei administrative nr. 192/17.04.2007 şi ordinul ministrului sănătăţii publice nr. 770/04.05.2007, emitent Ministerul Internelor şi Reformei Administrative şi Ministerul Sănătăţii Publice, publicat în Monitorul Oficial nr. 344/21.05.2007;

√ Ordonanţa de Urgenţă nr. 20 din 11/03/2009 pentru modificarea art. 13 alin. (2) şi (3) din OUG nr. 30/2007 privind organizarea şi funcţionarea MAI şi pentru reorganizarea unor unităţi din subordinea MAI, emitent Guvernul României, publicată în Monitorul Oficial nr. 156/12.03. 2009;

√ Ordinul nr. 417/431 din 31 martie 2009 pentru aprobarea Normelor tehnice de realizare a programelor naţionale de sănătate în anul 2009, publicat în Monitorul Oficial nr. 211 din 1 aprilie 2009;

√ Ordonanţa de urgenţă nr. 6 din 10 februarie 2010, emitent Guvernul României, publicată în Monitorul Oficial nr. 100 din 15 februarie 2010;

√ Strategia Uniunii Europene privind drogurile pentru 2005-2012 (http://www.ana.gov.ro/rom/str_ueo.htm);

√ Strategia naţională antidrog în perioada 2003-2004, aprobată prin Hotărârea nr. 154 din 6 februarie 2003, publicată în Monitorul Oficial nr.111 din 21 februarie 2003;

√ Strategia naţională antidrog în perioada 2005-2012, aprobată prin Hotărârea nr. 73 din 27 ianuarie 2005, publicată în Monitorul Oficial nr. 112 din 3 februarie 2005 (http://www.ana.gov.ro/rom/strategia1.htm);

√   Strategia naţională de apărare, Bucureşti, 2010 (http://www.presidency.ro/static/ordine/SNAp/SNAp.pdf;

√ Strategia de securitate naţională a României, Bucureşti, 2007 (http://www.presidency.ro/static/ordine/SSNR/SSNR.pdf);

√ Strategia naţională de combatere a criminalităţii organizate (http://www.politiaromana.ro/anexa1_strategii.htm);

√ Strategia Ministerului Administraţiei şi Internelor de realizare a ordinii şi siguranţei publice (http://www.mai.gov.ro);

√   Strategia Naţională de Ordine Publică 2010-2013 (http://www.dreptonline.ro/monitorul_oficial/monitor_ofi cial.php?id_monitor=7855);

√ Strategia Ministerului Administraţiei şi Internelor de realizare a ordinii şi siguranţei publice, pentru creşterea siguranţei cetăţeanului şi prevenirea criminalităţii stradale, din 17 martie 2005, emitent Guvernul României, publicată în Monitorul Oficial nr. 243/martie 2005 (http://www.mai.gov.ro/Documente/Strategii/Strategia%2 0MAI.pdf);

√ Programul „Marea Alianţă Română Antidrog" (MARA) publicat în M.O. nr. 949/26.10.2005;

√ Planul de acţiune Schengen 2009 (http://www.schengen. mira.gov.ro).

11. ABREVIERI

ANA — Agenţia Naţională Antidrog

UNODC — Biroul Naţiunilor Unite pentru combaterea Drogurilor şi a Criminalităţii

INTERPOL — International Criminal Police Organization

EUROPOL — European Police Office

CND — Comisia ONU pentru stupefiante

INCB — Consiliul Internaţional privind Controlul Stupefiantelor

ADHD — Attention Deficit Hyperactivity Disorder – tulburarea hiperchinetică cu deficit de atenţie sau tulburarea hiperkinetică cu deficit de atenţie

SIDA — Syndrome d'Immuno-Deficience Acquis – Sindromul Imunodeficienţei Dobândite

THC — Tetrahidrocanabinol

OEDT — Observatorul European pentru Droguri şi Toxicomanie

MDMA — 3,4-methylenedioxy-N-methylamphetamină) este o substanţă psihoactivă empatogenă din familia amfetaminelor

MDEA — 3,4-methylenedioxy-N-ethylamphetamine, un analog pentru MDMA

MDA   3,4-methylenedioxyamphetamine) este o substanță psihoactivă empatogenă și halucinogenă din familia amfetaminelor

PMK   3,4-Methylenedioxyphenylpropan-2-one

SRI   Serviciul Român de Informații

SIE   Serviciul de Informații Externe

DIICOT   Direcția de Investigare a Infracțiunilor de Criminalitate Organizată și Terorism

BCCO   Brigada de Combatere a Criminalității Organizate

FESAD   Fundația Europeană de Helpline

ELISAD   European Internet Gateway on Alcohol, Drugs and Addiction – Asociația Europeană a Bibliotecilor și Serviciilor de Informare cu privire la alcool și la alte droguri

ESPAD   European School Survey Project on Alcohol and Other Drugs

PMMA   para-Methoxymethamphetamine

CIA   Central Intelligence Agency – este un serviciu secret al Statelor Unite ale Americii, înființată în anul 1947

PEPES   Oamenii Împotriva lui Pablo Escobar

OMS   Organizația Mondială a Sănătății

REITOX   Rețeaua Europeană Informațională cu privire la Droguri și Toxicomanie

UNDCP   United Nations International Drug Control Programme

HDG   Grupul Orizontal de lucru privind Drogurile

GD   Grupul Dublin

MSP   Ministerul Sănătății publice

MIRA   Ministerul de Interne şi Reformei
    Administrative
HVC   hapatită virală C
HVB   hepatită virală B
HIV   Human Immunodeficiency Virus (Virusul
    Imunodeficienţei Umane)

CINE SUNT AUTORII ACESTEI CĂRȚI?

GRIJAC FLORIN

- Născut la data de 12 mai 1971 în București;
- Ofiţer în cadrul Seviciului Român de Informaţii;
- Licenţiat în ştiinţe juridice, absolvent al Facultăţii de Drept din cadrul Universităţii Ecologice Bucureşti, examenul de licenţă fiind susţinut la Academia de Poliţie „Alexandru Ioan Cuza" din Bucureşti;
- Absolvent al cursurilor postuniversitare de specializare, în domeniul criminalistică, din cadrul Academiei de Poliţie „Alexandru Ioan Cuza" din Bucureşti;
- Masterand al Facultăţii de Ştiinţe Politice, specializarea „Studii de securitate şi de apărare", din cadrul Universităţii Creştine „Dimitrie Cantemir" din Bucureşti.

CORCODEL MARIAN

- Născut în anul 1972 în municipiul Alexandria judeţul Teleorman;
- Comandant unitate în cadrul Jandarmeriei Române, forţă a Ministerului Afacerilor Interne;

▪ Absolvent al facultăţii de Drept din cadrul Universităţii „Hyperion" Bucureşti, profil Ştiinţe Juridice;

▪ Absolvent al cursului de perfecţionare în domeniul Relaţiilor Internaţionale din cadrul „Institutului Diplomatic Român";

▪ Absolvent al Colegiului Român de Informaţii;

▪ Absolvent de studii postuniversitare specialitatea „Ştiinţe Penale-Criminalistică" în cadrul Universităţii din Bucureşti;

▪ Masterand al Academiei de Poliţie „Alexandru Ioan Cuza Bucureşti" specialitatea „Securitatea Comunitară şi Terorismul";

▪ Urmează cursurile de Doctorat specialitatea „Ordine şi Siguranţă Publică" din cadrul Academiei de Poliţie „Alexandru Ioan Cuza Bucureşti".

MIU CRISTIAN

▪ Născut în anul 1978 în municipiul Bucureşti;

▪ Absolvent al facultăţii de Drept din cadrul Universităţii „Titu Maiorescu", profil Ştiinţe Juridice;

▪ Masterand al Academiei de Poliţie „Alexandru Ioan Cuza Bucureşti" specialitatea „Managementul Cooperării Poliţieneşti Internaţionale", promoţia 2013;

▪ Membru al Asociaţiei Criminaliştilor din România;

▪ Student al Facultăţii „Finanţe Bănci, Contabilitate şi Administrarea Afacerilor" din cadrul Universităţii „Titu Maiorescu", specialitatea „Contabilitate şi Informatică de Gestiune";

▪ Coautor al lucrării „România în calea ameninţării teroriste" tipărite în anul 2013;

▪ Subofiţer în cadrul Structurii Jandarmeriei Române, forţă a Ministerului Afacerilor Interne.

SURSA IMAGINILOR DIN CARTE

Coperta: www.i-medic.ro
Pagina 2:   www.fiicoolfaradroguri.blogspot.com
Pagina 21:   www.ro.wikipedia.org
Pagina 35:   www.verdelaverdedo.am
Pagina 41:   www.emcdda.europa.eu
Pagina 43:   www.adevarul.ro
Pagina 44:   www.deamuseum.org
Pagina 44:   www.ethnobotany09.providence.wikispaces.net
Pagina 46:   www.vice.com
Pagina 47:   Agenţia Naţională Antidrog
Pagina 49:   Agenţia Naţională Antidrog
Pagina 50:   www.emcdda.europa.eu
Pagina 88:   www.opiniatimisoarei.ro
Pagina 137:   Laboratorul Central de Analiză şi Profil al
    Drogurilor – IGPR
Pagina 138:   www.ar2006.emcdda.europa.eu
Pagina 138:   Serviciul Antidrog IGPR
Pagina 146:   www.ziarulclujean.ro
Pagina 154:   www.an.gov.ro